日本共産党の矛盾と欺瞞

【改訂版】

公明ブックレット㉝

〈目　次〉

Ⅴ. 「戦争法」のウソ

Ⅵ. 日本共産党のウソを暴く（Q&A）

Ⅷ. 日本共産党史の〝暗部《ブラックホール》〟

Ⅷ・公・共「憲法論争」で全面勝利

〈注〉本文中の肩書き、政党名は掲載当時のままとし、一部加筆した。見出しは編集部

Ⅰ．野党共闘と統一戦線論

〈月刊『公明』2018年9月号から転載、一部加筆〉

「革命」目的につなげたい日本共産党の思惑

2019年の参院選に向け、日本共産党は立憲民主党などとの「野党共闘」の実現に躍起となっている。共闘の焦点である参院選1人区の野党候補の一本化については、各党が「必要」との認識で一致しているように見えるが、どのように一本化するかは思惑が異なるようだ。

特に、「本気の共闘」を訴えて本格的な候補者調整、選挙協力をめざす日本共産党に対して、衆院野党第一党の立憲民主党は「各党が独自に模索し結果的に1人に絞る努力をする」(枝野幸男代表、18年1月16日付「毎日新聞」)としており、両党のすれ違いが目立つ。おそらく、立憲民主党にとってみれば、日本共産党とは国家観や基本政策の方向性、めざす社会像などが根本的に異なるため、日本共産党と連立政権を組むことにつながりかねない国政選挙での本格的な選挙協力には、躊躇《ちゅうちょ》せざるを得ないのだろう。国民世論からも「野合」批判の誹《そし》りを免れない。否、旧民進党が分裂した一要因に、日本共産党との選挙協力関係を進めることの是非があったことは周知の通りである。

一方、日本共産党にとっては、野党選挙共闘はその都度的な協力関係で事足りるとするのではなく、やはり同党が描く社会主義の国づくりに向けた革命スケジュールの重要な一歩にしたいとの思惑があるはずで、その点が立憲民主党など他野党の考えとは大きく異なっているのだ。

こうした各野党間の思惑について、18年6月

4日付「読売新聞」は「共産党が、19年の参院選に向けた野党共闘の構築に腐心している」とする一方で、「(共産党が) 連携に秋波送るも、立民は横並びを嫌い、一線は画す」「立憲民主党は……『共産との連携ばかりが注目されれば、支持率に影響する』(立民幹部) との警戒感がある」「安保関連法を巡り、国民民主党は基本政策で……共産とは距離がある」と報じている。

また、同6月22日付「朝日新聞」は、「野党共闘　共産に危機感」「参院選で他党に求める相互支援・共通政策の合意の見通し立たず」と伝えている。

同6月25日付「産経新聞」は、「立民・国民・共産　すれ違う参院選への思惑」「1人区一本化すきま風」とし、「立憲民主党はあくまで候補者のすみ分けにとどめる構えだ」「安全保障政策などで溝を抱える共産党と国民民主党の間にもすきま風が吹く」と指摘している。

■議席半減なのに「大きな喜び」⁉ 違和感拭《ぬぐ》えない共産党の衆院選総括

16年参院選と17年衆院選で、日本共産党は共闘勢力の候補者を一本化するため、多くの選挙区で一方的に同党の候補者を降ろす対応を行った。その結果、16年参院選では議席を伸ばしたものの、17年衆院選では立憲民主党に票を奪われる形となり、比例区では前回 (14年) の衆院選から約166万票も減らし、小選挙区を含めた議席数は21から12へとほぼ半減する大惨敗となった。

しかし、日本共産党はこの衆院選の結果について「共闘勢力は、3野党 (共産、立憲民主、社民の3党＝引用者注) では38議席から69議席へと大きく議席を増やし、さらに各地で無所属の野党統一候補が勝利しました」として、「私たちにとっても大きな喜び」(17年12月2日、第

3回中央委員会総会での志位和夫委員長の幹部会報告）と総括した。自分の党が議席を半減させたのに「大きな喜び」とは、いかにも虚勢を張った強がりとしか傍目《はため》には映らず、違和感を拭えなかったのではないか。

むろん、本音は違うだろうから、19年参院選では「過去2回のような一方的な対応は行いません。あくまで相互推薦・相互支援の共闘をめざします」（同）としている。その方針も現時点での話であり、先々変更される可能性もあるだろう。

志位委員長が言う「一方的」云々とは、同党が選挙区候補者を一方的に降ろしたことを指すようだが、しかしその内実は「共産党にとって、どうせ当選することのない1人区で候補者を降ろすことなど痛くもかゆくもない。その分、供託金も不要になり、他党に恩義も売れるのだから一石二鳥である」（筆坂秀世・元日本共産党政策委員長、16年3月1日付「夕刊フジ」）といった指摘もある便宜《べんぎ》的なものだったようだ。

■野党共闘は党綱領にある「統一戦線」

19年の参院選に限らず、日本共産党にとって、国政選挙での野党共闘が極めて重要な意味を持っていることは間違いない。まずは19年参院選で日本共産党と他野党との共闘がどのような形となるかが注視されるが、そもそも日本共産党は国政選挙での野党共闘をどのように意義付けているのか。志位委員長は16年8月5日の講演で次のように述べている。

「日本共産党は、1961年に綱領路線を確定して以降、一貫して統一戦線によって政治を変えることを、大方針にすえてきました」「今回の参議院選挙では……全国規模での統一戦線、選挙協力が初めて現実のものとなり、最初の大きな成果を結んだ」「日本共産党綱領の統一戦線の方針が、国政を動かす、戦後かつてない新しい時代が始まっている」

つまり、日本共産党にとって国政選挙での野党共闘は、党綱領に書かれた「統一戦線」に基づくものと意義付けられている。では、この「統一戦線」とは何か。それは何をめざすものなのか。

統一戦線とは、1920年代前半におけるコミンテルン（共産主義インターナショナル＝共産主義政党の国際連帯組織）を中心とした国際共産主義運動の中で政治戦術として定着してきたものである。その歴史的経緯からも、専《もっぱ》ら左翼の世界で使われる用語だが、一般には思想、信条の違いを超え、共通の要求、政策、目標に向かって諸党派や諸団体が協力・協同して、ある程度持続的な統一行動を取る闘争形態といえる。

もちろん共産主義政党にとっては「統一戦線方式」という言葉があるように、それはめざす社会主義革命実現のための重要な戦略戦術の手段とされる。実際、かつて世界には旧ソ連やチェコスロバキア、ハンガリー、ポーランドといった東欧諸国など14の社会主義国が存在し、それぞれ共産主義政党が政権を担当していたが、共産主義政党が独力で革命を達成した例は一つもない。いずれも統一戦線方式により、社会主義革命を成就させていった。

自由主義・資本主義の世界では、共産主義政党は通常、少数政党であろう。従って暴力を用いたクーデターでも起こさない限り、めざす革命はできない。

そこで、第二次大戦後の東欧などで顕著に見られたように、初めは共産主義や革命と無関係なスローガンの下で政党間の共闘なり統一戦線方式によって大衆や諸団体、他政党を引き込み、その力を借り、利用して、政権権力を奪取する方式が取られた。そして奪取した政権権力の中で共産主義政党が権力を独占するために、あの手この手の権謀術策を駆使して指導権・指導的地位を確保し、非共産主義政党や民主主義・自由主義勢力を次々排除し、社会主義革命を実現させていった。「……統一戦線戦術によって、労働組合および大衆政党を内部から占領する」(日本共産党の「二七年テーゼ」、日本共産党中央委員会出版局発行『日本共産党綱領集』)というわけだ。

上述の、あの手この手の〝権謀術策〟とは、革命遂行中、また革命成就後はさらに輪をかけてであるが、共産主義政党が手中にしたメディアや政治警察権力などを使って非共産主義政党関係者や民主主義・自由主義勢力をそれこそ「反動勢力のスパイ」「資本家に買収された、その代理人」「手先」「反人民」といった批判攻撃や、「世論のでっち上げ」「濡《ぬ》れ衣を着せる」などの陰湿なやり方も含め、失脚・追放・逮捕・粛清《しゅくせい》劇を果敢に演じて息の根を止めていった。通称〝サラミ戦術〟と称されてもいる。

あるいは革命成就後に、非共産主義政党を複数存在させても、それは単なる名目的、飾り物的、かつ共産党の指導に服従し隷属する翼賛的存在として残すという、文字通りの一党独裁体制を固めていったのが、その歴史であった。

この東欧での実際例は、ゲアハート・ニーマイヤー米ノートルダム大学教授(当時)の著『共産連立政権戦術』(時事新書、原子林二郎訳)などに詳しい。

■「統一戦線」は革命の推進部隊

では、日本共産党では統一戦線について、どう規定してきたのか。

同党の中央委員会幹部会員・参院議員を務めた春日正一氏は、その著『民族民主統一戦線』

（新日本出版社）の中で、ズバリこう述べている。「統一戦線は、労働者階級が、広範な人民大衆を結集して人民の敵とたたかい、これをうちたおして革命の事業をなしとげるために、欠くことのできないたいせつな武器です」と。

「統一戦線は革命への欠くことのできないたいせつな武器」とする、その具体的中身を見てみよう。

先に志位委員長も触れた61年綱領（1961年制定）には、こうある。

「党は、人民を民族民主統一戦線に結集し、その基礎のうえに政府をつくるために奮闘する。この政府をつくる過程で、党は、アメリカ帝国主義と日本独占資本の利益を代表する政府の打倒のために一貫してたたかうが、かれらの支配を打破していくのに役立つ政府の問題に十分な注意と必要な努力をはらう。そして、一定の条件があるならば、民主勢力がさしあたって一致できる目標の範囲でも、統一戦線政府をつくるためにたたかい、民族民主統一戦線政府の樹立を促進するために努力する」

「党と労働者階級の指導的役割が十分に発揮されて……強大な民族民主統一戦線が発展し……そのうえにたつ民族民主統一戦線政府は革命の政府となり……君主制を廃止し、反動的国家機構を根本的に変革して人民共和国をつくり、名実ともに国会を国の最高機関とする人民の民主主義国家体制を確立する」

ここに規定されている「統一戦線政府」とは「民主連合政府」を指すとしている。そして、その樹立の延長線上に、同党が大目標として掲げてきたのが「民族民主統一戦線政府」の樹立である。その「民族民主統一戦線政府」の中で日本共産党が〝ゆるぎない指導権〟を握った段階で、同政府は「革命の政府」に転化し、わが国の国家機構や国会制度をそれこそ180度ひっくり返して、わが国を「人民共和国」「民主共和国」につくり替え、社会主義を実現する、としてきた。

２００４年に改定された04年綱領では、上記にある「民族民主統一戦線」とその上に立つ「民族民主統一戦線政府」名が削除され、めざす政府としては民主連合政府に一本化されている。また、昨今では民主連合政府のいわば前段階と目される、安全保障法制廃止だけのための戦術的な「国民連合政府」構想も打ち出されている。これまでも統一戦線政府が樹立されるまでの過程で、「さしあたって一致できる範囲」での、「暫定連合政府」や「よりましな政府」「非核の政府」、最近の国民連合政府構想もその一つであろうが、それらも含め、今日めざす民主連合政府にせよ、また従来打ち出されていた民族民主統一戦線政府にせよ、それを実現させる推進部隊、手段、基軸が「統一戦線」であり、その上に立つ統一戦線政府（＝連立政権）ということである。

このように見てくると、社会主義革命をめざす日本共産党にとって、統一戦線・連立政権戦術がいかに重要であるかが分かるというものだ。統一戦線の効用として、日本共産党では「統一戦線を結成してたたかえば、一プラス一は三にも四にもなる」（宮本顕治委員長＝当時、１９７３年３月16日付「赤旗」）と見なされている。以来、現在の志位委員長の口からも、「野党がまとまれば、一プラス一は三にも四にもなる」との言葉が繰り返されており、統一戦線ができれば、一種の政治的魔術が働くと考えているようだ。

一般に政党間での選挙協力や政治・政策課題での共闘関係が成立すれば、それなりの効用があるし、古来、「合従連衡《がっしょうれんこう》」策は戦の常套手段とされてきた。しかし、一般的な選挙協力や政権共闘は時々の政治テーマにより、様々な形態があるし、共闘のパートナーも変わりうる。議会制民主主義下では政権の実現こそ政党間の共闘の目標であろう。

■共産のめざす革命とは全国家権力の掌握

しかし、日本共産党にとって、政権樹立は重要視されるが、目標はあくまで革命の実現である。革命とは、全国家権力（＝政府、国会、裁判所、検察、自衛隊、警察、監獄、国税庁、税務署、メディアなど）の掌握《しょうあく》である。政府は「国家機構の頭部」「司令部」ではあるが「その一部」と位置付けられている。

従って、統一戦線とは一般的な政権共闘のようにその都度的なものではなく、また政府樹立をもってゴールとするのでもなく、革命への長期スケジュールに基づく戦術である。61年綱領を制定した宮本顕治元委員長は、「統一戦線の戦術は、労働者階級を中心とするそれぞれの分野の大衆の政治的、経済的、文化的諸利益を守って、反動のいっさいの攻撃にたいして、統一の行動を組織すること、さらにそれを革命の戦略目標に結集することを基本とする」（『宮本顕治著作集』第三巻、新日本出版社　２０１２年11月刊）と述べている。

なお、日本共産党において、統一戦線という言葉が使われたのは結党（１９２２年）当時からで、同党の「二七年テーゼ（日本問題にかんする決議）」「三二年テーゼ（日本における情勢と日本共産党の任務にかんするテーゼ）」にも明記されている。その統一戦線に基づく政府として同党が樹立をめざす「民主連合政府」名が登場するのは64年11月の第9回党大会で、73年11月の第12回党大会ではその具体像を示す民主連合政府綱領も発表された。そして、「70年代のあまり遅くない時期に民主連合政府をつくる」と盛んに打ち出されたが、空振りに終わった。

その後もずっと民主連合政府の樹立に固執し続け、97年11月の第21回党大会で「21世紀の早い時期に実現をめざす」と期限を大幅に延長して仕切り直しされた。しかし既に打ち出されてから50年以上経つが、今もそのメドは全く立っていないようだ。その一番の理由は、同党が実現をめざす大看板の社会主義（マルクス・レーニン主義）それ自体が既に破綻し、化石化した過去の遺物としか映らないからだろう。

■削除された「民族民主統一戦線政府」の名称

統一戦線を俎上《そじょう》にのせることは、その目的である統一戦線政府＝民主連合政府を吟味《ぎんみ》することになる。その民主連合政府は04年綱領制定以降、前述したように従来の民族民主統一戦線政府に関する規定まで包含した形で一本化されている。まず、なぜそうしたのか、について検討してみよう。04年綱領制定を主導した不破哲三議長（当時）は、こう説明している。

「これまでの綱領では、『民主連合政府』というのは、革命にすすんでゆく過程の中間段階の政府であって、民主主義革命の任務を遂行する政府は、『民族民主統一戦線の政府』であり、この政府が、権力をにぎって『革命の政府』に成長・発展するのだ、と説明されていました。今回の綱領改定案では、この区別をなくして、民主連合政府こそが、日本社会が必要とする民主的改革を実行する政府であり、この政府が実行する民主的改革が、民主主義革命の内容をなすものだというように、問題の発展的な整理をおこないました」「この政府が安保条約をなくし、経済改革を実現していけば、それがまさにわれわれがめざしている民主主義革命を実行することになるんだ、そういう関係を、新しい綱領改定案でははっきりさせたわけです」（不破哲三

『報告集・日本共産党綱領』）

あるいはまた、「『民族民主統一戦線』の文言は、04年の改定で党綱領から削除されました。これは『旗を捨てた』のではなく、民主主義革命に至る道筋についての理論的な発展にともなって用語を整理したものです。04年までの党綱領では、革命に至らない段階での部分的な改革の実現をめざす革新統一戦線と、民主主義革命の段階での民主的変革をめざす民族民主統一戦線とを区別していましたが、現在の党綱領では両者を含めて革新統一戦線と呼んでいます。これにともない、従来の『民族民主統一戦線政府』も『民主連合政府』に統一されました」（07年11月29日付「赤旗」）

要するに、民族民主統一戦線とその上に立つ政府名を削除したが、革命路線の「旗を捨てた」ものではなく、「用語を整理」したものであって、革命に至る政府の任務役割や実行政策も民主連合政府の事業にひっくるめて「統一」し、包含したということであろう。

そもそも日本共産党の今日に至るまでの路線・政策の根幹となってきたのは61年綱領であり、04年に綱領を改定する際、それを主導した不破哲三議長（当時）は、こう述べている。

「（61年）綱領の路線の正確さに確信をもつ」「綱領の基本路線は、四十二年間の政治的実践によって（正確さは）試されずみ」「綱領路線の……正確さ、的確さは、それ以後四十年を超える情勢の進展とわが党の活動のなかで実証されてきました。今回の綱領改定は……この基本を引き継ぎながら……前進させたもの」（前掲『報告集・日本共産党綱領』）と。つまり04年綱領は、61年綱領の基本路線、骨格が踏襲されているということである。

大体、「『旗を捨てた』のではなく……用語を整理したもの」という方式、つまり概念や性格の本質は何も変わっていないというやり口は同党の得意芸である。同党の綱領・規約から用語の〝言い換え〟や削除が行われた例は多々ある。例えば「マルクス・レーニン主義」→「科学的社会主義」、「プロレタリアート独裁」→「プロレタリアート執権」→「労働者階級の権力」（今日では、これも削除）、そして「社会主義革命」「前衛政党」「アメリカ帝国主義」とか「査問」といった用語の削除である。いずれも〝物騒な印象を与える〟とか既往の社会主義国と結び付いた〝暗いイメージがある〟といったことが理由となっているようだ。「民族民主統一戦線政府」の名称削除もその例かもしれない。同政府は「革命の政府」に転化するとされ、日本共産党の独裁イメージを連想させる同党による「指導権」「指導的地位」がやたら強調されているからだ。例えば、61年綱領を定めた宮本顕治書記長（当時）は、こう述べている。

「当面する革命で民族民主統一戦線を基礎とする連合政権の性格は、労農同盟を中心とする人民の民主主義国家である。統一戦線を発展させて、この民主主義国家にたいする労働者階級と党の指導権をいっそう強化し、プロレタリア独裁を確立することなしには、社会主義的変革と社会主義建設の任務を全面的に遂行することはできない。この成長発展にとって決定的に重要なことは、強大な民族民主統一戦線のなかにおける労働者階級とわが党のゆるぎない指導権が確立することである」（『日本革命の展望』）

いうところの「労働者階級」とは日本共産党と不可分一体であり、事実上、日本共産党と同義である。上記のように、民族民主統一戦線とその上に立つ政府は日本共産党の「ゆるぎない指導権」の確立を当然のごとく予定視している。そうでなければ「社会主義的変革と社会主義建設の任務を全面的に遂行することはできない」ということだろう。しかし、こう露骨かつ明《あ》け透《す》けに本心を吐露《とろ》するのは、昨今のソフトイメージ戦略とそぐわないということではないか。従って、04年綱領では概念や事の本質は残しつつも、その名称のみ削除されたのであろう。

■〝格上げ〟された民主連合政府

次に、民主連合政府とは何か、ということであるが、同政府は「革命にすすんでゆく過程の中間段階の政府」から、04年綱領制定以降、それまでの民族民主統一戦線政府の任務役割をも担い、いわば〝格上げ〟された格好になっている。そのことは、ソフトな表現ではあるが、現綱領でこう規定されている（「四、民主主義革命と民主連合政府」の項　文末に〈注〉）。

「現在、日本社会が必要としている変革は、社会主義革命ではなく、異常な対米従属と大企業・財界の横暴な支配の打破――日本の真の独立の確保と政治・経済・社会の民主主義的な改革の実現を内容とする民主主義革命である。それらは、資本主義の枠内で可能な民主的改革であるが、日本の独占資本主義と対米従属の体制を代表する勢力から、日本国民の利益を代表する勢力の手に国の権力を移すことによってこそ、その本格的な実現に進むことができる」

「日本共産党と統一戦線の勢力が、国民多数の支持を得て、国会で安定した過半数を占めるならば、統一戦線の政府・民主連合政府をつくることができる。……民主連合政府の樹立は、国民多数の支持にもとづき、独占資本主義と対米従属の体制を代表する支配勢力の妨害や抵抗を打ち破るたたかいを通じて達成できる。……このたたかいは、政府の樹立をもって終わるものではない。引き続く前進のなかで、民主勢力の統一と国民的なたたかいを基礎に、統一戦線の政府が国の機構の全体を名実ともに掌握し、行政の諸機構が新しい国民的な諸政策の担い手となることが、重要な意義をもってくる」

「民主主義的変革によって独立・民主・平和の日本が実現することは、日本国民の歴史の根本的な転換点となる」

また、現綱領は、続けて、「日本の社会発展の次の段階では、資本主義を乗り越え、社会主義・共産主義の社会への前進をはかる社会主義的変革が、課題となる」「社会主義的変革の中心は、主要な生産手段の所有・管理・運営を社会の手に移す生産手段の社会化である」（「五、社会主義・共産主義の社会をめざして」の項）としている。

ここにいう「資本主義を乗り越え」とは現在の資本主義制度を全廃することを意味し、工業・農漁業・商業など全産業の「生産手段の社会化」（国有・公有・協同組合化など）をするということであろう。

すなわち、民主連合政府は、同党のいう「民主主義革命」を担うとし、そのために「国の機構の全体」つまり「全国家権力」（＝政府、国会、裁判所、検察、自衛隊、警察、監獄、国税庁、税務署、メディアなど）を名実ともに掌握し、民主主義的変革（＝民主主義革命）を行い、「独立・民主・平和の日本」を実現する。それは「日本国民の歴史の根本的な転換点となる」としている。

この記述は、61年綱領の規定、すなわち「党と労働者階級の指導的役割が十分に発揮されて……強大な民族民主統一戦線が発展し……そのうえにたつ民族民主統一戦線政府は革命の政府となり……君主制を廃止し、反動的国家機構を根本的に変革して人民共和国をつくり、名実ともに国会を国の最高機関とする人民の民主主義国家体制を確立する」、これに続く「独立・民主・平和日本の建設によって、日本人民の歴史は根本的に転換する」のくだりと内容的に相即《そうこく》する。実質的に同じである。

いうところの「民主主義革命」「民主的改革」の主要内容として、現綱領には「日米安保条約の廃棄」、「憲法第九条の完全実施（自衛隊の解消）」、「大企業にたいする民主的規制」などが挙げられている。

■共産党の唱える「民主主義」とは……

なお、日本共産党が唱える「民主主義」とは、現行の日本国憲法下の民主主義とは全く異質な社会主義と同じ「人民民主主義」であるということである。従って、「日本の真の独立の確保と政治・経済・社会の民主主義的な改革の実現」とは同党がめざす次のステップである「社会主義的変革」に限りなく近づくということである。

現に61年綱領には「わが国の当面の革命（民主主義革命を指す＝引用者注）はそれ自体社会主義的変革への移行の基礎をきりひらく任務をもつものであり……それは、独立と民主主義の任務を中心とする革命から連続的に社会主義革命に発展する必然性をもっている」と規定されている。

日本共産党と同党関連諸団体、その周辺の世界には、「民主」とか「民主的」という言葉が氾《はん》濫《らん》している。それは「社会主義」あるいは「革命」に直結した意味内容を持つものと解すべきである。実際、「共産党の用いる『自由』とか『民主主義』ということばが、一般の用法とは違う意味で用いられている」「あくまで共産党独特の意味あい」（立花隆『日本共産党の研究』）と指摘されている通りで、概念的に一般事例と同一視してはなるまい。

立花氏は、「同じように、共産党の『反戦平和』もまた、一般の用法とはかなり意味が違う。共産党が行ったのは、あくまで共産党独特の意味あいでの『反戦平和』闘争であって、一般的意味における反戦平和闘争ではない」「共産党が自分たちの『反戦平和』闘争のコンテクストについての説明抜きで、意味論的錯覚の利用の上に自分たちがあたかも平和の使徒であったかのごとき自己宣伝を展開することは、羊頭を懸《かか》げて狗肉を売るに類する行為といってよいだろう」（同）とも指摘するが、それは共産党の唱える「自由」と「民主主義」についても全く同様に当てはまるであろう。（この件については、本ブックレット所収「日本共産党史の〝暗部〟」の「『一貫して平和と民主主義の党』はウソ」の項目131ページ参照）

■日米安保廃棄・自衛隊解消の狙いは？

日本共産党の革命戦略は、「資本主義の枠内で可能な」民主主義革命（＝民主主義的変革）を第一段階とし、続いて日本を社会主義・共産主義の社会に転換する社会主義革命を第二段階とする「二段階革命」である。この方針は現綱領でも貫かれている。そのことは「統一戦線の政府が国の機構の全体を名実ともに掌握し、……民主主義的変革によって独立・民主・平和の日本が実現することは、日本国民の歴史の根本的な転換点となる」（現綱領）との規定の意味するところである。

「民主主義革命」を実現し、次なる「社会主義革命」に備える民主連合政府にとって、何よりの任務役割は「日米安保条約の廃棄」「憲法第九条の完全実施（自衛隊の解消）」である。それは日本共産党がめざす社会主義革命に立ちはだかり、妨害勢力となりかねない実力組織をあらかじめ排除しておくということである。革命の第二段階である「社会主義」実現に向けた重要な足場作りこそ、その使命なのである。

こうした日本共産党の意図をあからさまに示

すものとして、同党内において準綱領的文書として扱われてきた全党員必読の重要文献「極左日和見主義者の中傷と挑発」（評論員論文、１９６７年４月29日付「赤旗」）がある。この「4・29評論員論文」には、こう書かれている。

「統一戦線政府が樹立されたとしても、自衛隊、警察、さらに在日米軍などの暴力装置を中心に、国家権力の主要部分をにぎる米日支配層が、この権力を活用して必死の抵抗と反撃を組織しようとせず、選挙の結果にしたがって簡単にすべての国家権力を人民にひきわたすと考えることは、非現実的である」「アメリカ帝国主義と日本独占資本が、あらゆる手段をつかって、反帝反独占の諸政策の実行を妨害し、統一戦線政府の存続そのものを否定しようとすることを、予想しないわけにはゆかない」「暴力的な反革命的反乱の危険をもふくむ米日反動勢力のあらゆる妨害や攻撃を粉砕して、国家権力全体を実際ににぎったときに、はじめて統一戦線政府は革命権力になることができるのである」

また、在日米軍に関しては「わが国で革命の発展を展望する場合、けっして無視することのできないのは、日米安保条約にもとづく在日米軍の存在である」「アメリカ帝国主義が……日本の反動勢力とともに、統一戦線政府を打倒して日米軍事同盟と在日米軍基地の存続を確保するための、必死の反撃をくわだてるであろう」と。

そもそも同党最高首脳は、こう言明していた。「革命というのは、人民の勢力が権力をとることであって、……自衛隊も完全に制圧してしまい、アメリカ軍隊ができてもアメリカ軍隊も完全に制圧してしまう、あるいはまたアメリカ軍隊も手がだせず、自衛隊も手がだせないような状態のもとで人民の側が政権を守りつづけることができるようにする」（宮本顕治書記長＝当時、「前衛」60年9月号）と。

そのように自衛隊と在日米軍の存在を革命に対する妨害物、「弾圧機関」として敵視し「制圧」対象視し、従ってその解消と駆逐《くちく》を民主連合政府・民族民主統一戦線政府の最大任務と課してきたのである。

いうまでもなく国の安全保障政策は、本来、わが国が置かれている現実に立脚して策定されるべきものである。だが、日本共産党の場合は、多分に同党がめざす革命戦略、革命目的実現の都合に合わせて構想されているきらいがあり、一政党の私的な都合、党利党略的観点によるものとなっているのである。

こうした統一戦線の上に立つ政府＝民主連合政府の性格や、同政府に課せられている任務役割をよくよく認識する必要があるだろう。

同党は、現綱領で「さしあたって一致できる目標の範囲で統一戦線を形成し、統一戦線の政府をつくるために力をつくす」としている。そのために国政選挙での野党共闘を実現させ、選挙に勝利し、ともかく政権入りさえすれば、次の段階として政権内での指導権確保を図り、それに応じて民主連合政府に課せられている任務役割を果たす方向にリードし、めざす「民主主義革命」へ一歩でも進めることができると思い描いていよう。

今日、日本の政治情勢に照らせば、野党陣営においては「さしあたって一致できる目標」として、「安全保障法制廃止」「憲法改正反対」「消費税引き上げ反対」「安倍内閣打倒」といったスローガンが挙げられる。共産主義と無関係のそれらスローガンの下で、それに賛成・同調する大衆や諸団体、諸政党とは共闘・統一行動を取りやすいことは確かだろう。

■「革新自治体」下での共産党の振る舞い

ところで、日本共産党のいう「革新統一戦線」

が結実化した事例として、主に１９６０～70年代に、国内で旋風を巻き起こした「革新自治体」の誕生がある。当時、国政で野党第一党だった社会党と日本共産党が知事選、市長選で社共統一候補を立て、次々勝利し、蜷川京都府政、美濃部東京都政、黒田大阪府政などを誕生させた。そこで何が行われたか、日本共産党がどう振舞ったか。それは同党がめざす統一戦線政府＝民主連合政府の姿を予見させる、垣間《かいま》見させる一材料となるのではないか。

例えば、50年から78年までの７期28年間に及んだ蜷川府政を、日本共産党が「全国革新の灯台」「革命の砦」と呼んでいたことは有名だ。社共両党の推薦で担《かつ》がれた蜷川知事は晩年〝共産党べったり〟と評され、蜷川知事と二人三脚・連動体制で日本共産党が主導した蜷川民主府政（と呼んでいた）はさしずめ民主連合政府の〝京都版〟と言えなくもない。

実際、「共産党は、京都を舞台に、民主連合政権へ向けての、さまざまな実験を行ってきた」（サンケイ新聞地方自治取材班『革新自治体―その構造と戦略』）と指摘された。では、その実態はどうか。

兵本達吉氏の『日本共産党の戦後秘史』（産経新聞出版刊、文庫本・新潮社刊）には、その一端が報告されている。兵本氏は青年時代から三十数年にわたって日本共産党員であり、78年に同党中央委員会勤務となり、党国会議員秘書などを務め、98年に同党を除名されるまでの約20年間、党本部内でつぶさに党を見聞してきた人物である。

蜷川京都府政は、〝ご三家〟と呼ばれる、府職労、京教組（教職員組合）、府医師会の３者が結託して府政を支え、とりわけ中軸となる「府職員組合は、共産党が執行部を抑えている」、また「京教組は、全執行部を共産党系が掌握している」（前掲『革新自治体―その構造と戦略』）と見なされていた。

兵本氏は前掲書の中で、こう記している。

「京都府庁のなかに、日本共産党のガン細胞ならぬ、政治的な細胞（のちに支部）のネット・ワークが稠密《ちゅうみつ》に張りめぐらされ、相互監視は無論のこと、共産主義に特有の密告、監視システムが構築され、独自の政治的な勤務評定が職場で行われた。労組の人事介入が行われ、正常な人事異動ができなくなるところまで行き着いた。この細胞は、殆《ほとん》ど無制限に膨脹《ぼうちょう》をはじめ、京都府の市町村に及び、府の行政組織の全体を呑《の》み込んでしまった。府下の市町村は、補助金、交付金、公共事業の箇所づけなど、あらゆる行政手段を通じて、府職労――実は日本共産党――のコントロール下に置かれていった。そして、これが選挙ともなると、京都府の行政組織全体が、日本共産党の集票マシーンと化すのである」

また野中広務元官房長官は、自らの京都府園部町長や京都府議時代を振り返り、その著『私は闘う』（文藝春秋社刊）の中で、こう記している。

「行政全体……個人個人に対する『ばらまき行政』が中心で、しかもこの『ばらまき』が共産党の勢力を伸長させるように使われていた。例えば、共産党が掌握している京都建設協同組合というところに、健康保険の補助金を際限なく出す。あるいは、京都市内の各難病団体にそれぞれ補助金を出し、その事務局長に共産党員を張りつけて、そして人件費補助をする。こうした方法で、共産党があらゆるところに組織を浸透させていった。いまだに京都で共産党がつよいのは、そうして作った組織が生きているからである」

その故であろうか、蜷川知事就任当時（50年）では府議会で社会党15議席に対し、日本共産党はわずか1議席だったが、71年の統一地方選では社会党15議席に対し日本共産党12議席と接近。72年の衆院選では京都1区（京都市内、中選挙区＝定数5）で日本共産党が2人当選を果たしたのに対し、社会党は1人当選で、得票率も日本共産党30％に対し、社会党は半分以下の14・2％であった。

「庇《ひさし》を貸して母屋を取られる」との言葉があるが、共闘相手の日本共産党に社会党の地盤が蚕《さん》食《しょく》されたのであろうか。かつて民主党（当時）の前原誠司元代表が、日本共産党による民主党に対する国民連合政府への参加呼び掛けに対し、「共産党の本質はよく分かっているつもりで、シロアリみたいなものだ。ここと協力したら土台が崩れてくる」（2015年11月14日のテレビ番組）と発言、否定的な見解を示したことがあった。京都市を選挙区とする前原氏ならではの発言として想起される。

■美濃部都政下での露骨な「赤旗」購読強要

また、美濃部都政ではどうだったか。それについて、「昭和四十二年、東京都に美濃部都政が誕生するや、都庁内で着実に勢力を伸ばしたのは、労働組合、社会党ではなく、共産党であった。それはあたかも、それまで眠っていたガン細胞が目を覚まし、増殖拡大して組織全体に転移してしまったかのようだ」（別冊宝島『社会党に騙された』所収、福田博幸執筆「財政破綻は当たり前！『革新自治体』の虚と実」）と報告される。

福田氏の同記事は、その日本共産党の実際行動の一端を、こう伝えている。

「美濃部革新都政下で、共産党は職員に機関紙『赤旗』の定期購読や共産党出版物の購読を強要した。都庁職員で組織する『都職労』への浸透力を背景に、労組役員や共産党員を使って一般職員に（購読を）働きかけ……管理職に対しては、共産党の議員を使って働きかけた」

「組織と資金の拡大を目指したその勧誘方法は巧妙を極め……党員の保母は園児の保護者に、看護婦は患者に、税務職員は中小企業納税者にとそれぞれの触手を伸ばす。まさにゆりかごから墓場までといわれる自治体の日常業務を徹底的に利用して、党活動を都行政全体に浸透させていった」

「とくに都庁職員に対しては、勤務時間中であろうが、夜自宅でくつろいでいる時刻であろうがおかまいなしに訪ねてきたり、電話でしつこく勧誘する。その方法は徹底していた」

「職員の側は、『共産党に睨《にら》まれて出世を邪魔されてはかなわない』『楯《たて》突いて飛ばされてもつまらない』『議会で意地の悪い質問をされても困る』などの理由から、共産党に対する〝保険〟のつもりで、付き合いで『赤旗』の購読を始めた」

「その結果、美濃部革新都政時代、都庁及び二十三区の管理職ならその九割以上が、一般職員ならその約二割が『赤旗』を購読したのである。具体的な実数を示すと、東京都庁関係者だけで日刊紙『赤旗』は八千部、日曜版『赤旗』は二万二千部の購読数を数えたのだった。まさに共産党に乗っ取られたかのような美濃部革新都政の実態であった……」と。

この「赤旗」の購読強要は、「全国の革新自治体で同様のことが行われた」（兵本氏の前掲書）という。むろん、それは日本共産党の諸活動のごく一端にすぎない。

革新自治体は、一面では福祉政策や環境政策で国の施策を先取りする成果を収めたが、その負の部分として巨額の財政赤字をもたらした財政破綻が指摘される。その主要因は職員の大幅増員による人件費増である。例えば美濃部都政下では、自らの支持・推薦母体である都の職員団体「都職労」の要求に応えて、職員数を17万7000人から22万人にし、任期12年間に4万3000人増やした。その結果、1976年には人件費が都財政の42・5％を占めるに至ったのだ（兵本氏の前掲書）。

■「ヤミ専従」職員の横行も

この自治体職員の増員は東京都に限らず、全ての革新自治体で行われ、程度の差こそあれ財政を圧迫した。この職員の増員の波の中で横行したのが、俗に言う「ヤミ専従」である。それは「役所に出勤して出勤簿にハンコを押して、いつのまにかどこかへ行ってしまう」、つまり仕事はしないで組合活動に専従している人たちのことである。

野中広務氏も、この問題を京都府議会で追及した事例を前掲書の中で、こう記している。「組合の専従は本来は組合員から徴収した組合費の中から給与を払うべき筋あいのものである。それを府民の税金を使って活動をするとはとんでもない考え違いである。この専従の活動が、共産党の勢力伸長に大きな役割を果たしているとなれば、なおさら公金である税金から給料は支払われるべきではない。私は調査によってこの闇専従の実名を何人も摑《つか》んでいた」と。

また、70年の府知事選では、蜷川知事の対抗馬として立った保守系候補の推薦母体「京都を明るくする会」もこの問題を取り上げ、「『公務員が勤務中に公然とビラ配布』『一説では、六百人もいるといわれる〝ヤミ専従職員〟が、勤務もせずに〝赤旗〟を配布し、特定候補の運動をしている』」（前掲『革新自治体―その構造と戦略』）と府職労を批判する場面もあった。

むろん、ここに紹介した「革新自治体」下での事例はあくまで氷山の一角、一断面にすぎない。

地方自治体での革新統一戦線と国政レベルでの政権共闘・統一戦線とは、むろん大きな相違があろう。しかし、革新自治体下での日本共産党の実際行動が物語るものは、ともかく権力の中に入り込みさえすれば、それをテコに自分たちの格好の勢力拡大ができる、足場を築けるということであろう。それが国政レベルであれば、よりスケールの大きい形で、それこそ自分たちのめざす革命方向に強く進めることができる、と目論《もくろ》むのだろう。

■「オール沖縄」という統一戦線下での共産躍進

ところで、日本共産党は中央・地方で「反基地」「反原発」など様々な旗印を掲げての統一戦線づくりに余念がないが、最近の例で注視されるのは、「オール沖縄」の動向だろう。

2014年の沖縄県知事選において、自民党沖縄県連幹事長や那覇市長を務めた翁長雄志氏が、米軍普天間飛行場（宜野湾市）の名護市辺野古移設反対を訴えて、自民党を割って出て立候補し、革新勢力と共闘して当選を果たしたが、その際の翁長氏を支援する枠組みとして具体化されたのが「オール沖縄」である。その参加団体には革新系の社会民主党、日本共産党、沖縄社会大衆党などと、保守系の一部自民党県議・市議らの政党・会派のほか、労働団体、市民団体、経済・業界団体など約20団体が加わった。

翁長氏ら保守のメンバーとその支援者が参加する「保革共闘」となったことが、従来の革新勢力のみの共闘態勢とは違う特徴とされた。日本共産党からすれば、まさに好都合な沖縄版・統一戦線の形成だろう。

以後、沖縄では国政選挙をはじめ、あらゆる選挙において選挙協力・候補者調整・統一候補擁立が行われ、主に自民党や公明党などの保守・

中道グループと、「オール沖縄」陣営との対決図式が繰り返されてきた。

次の一文は、14年の結成時から4年経った18年時点での検証記事（18年8月16日付「読売新聞」政治の現場）で、「変質した『オール沖縄』」との大見出しがつけられている。

■「共産一色に染まりつつある」

「一枚岩のよう見えるオール沖縄も、内情は複雑だ。翁長の知事初当選を後押しした4年前とは、大きく変質した。沖縄では、米軍基地を巡り、保守と革新の対立が続いてきた。構図を変えたのがオール沖縄だった。保守の一部と革新が反辺野古の一点で共闘し、翁長を知事に押し上げた。その後、共産党は県議選などで議席を伸ばした。一方、オール沖縄のメンバーだった保守系議員は、共産に押し出される格好で軒並み落選した。肌が合わないと感じた地元企業や議員は相次いで離脱した。オール沖縄は発足から約4年を経て『共産一色に染まりつつある』（翁長周辺）」

上記記事にある沖縄県議選での日本共産党の議席増とは、12年5議席、16年6議席、さらに20年には過去最高の7議席となっている。その一方、12年選挙で6議席獲得していた社民党は、20年選挙では4議席に後退し、県議会与党第一党の座を日本共産党に奪われた。この構図は前述の蜷川知事下での京都府議会における日本共産党と社会党との議席逆転劇を彷彿とさせる。

また、17年7月の那覇市議選（定数40）でも日本共産党は1997年(定数44、その後2009年以降40に変更）以来の7議席を獲得し議席占有率で過去最高を記録した。その一方で、翁長派の元自民党市議グループ新風会が惨敗し、最盛時には12議席を擁した同グループは3議席に激減した。

その結果を受けて、ジャーナリストの目黒博氏は「反辺野古派陣営内で保守系が後退して共産党の比重が増し、『オール沖縄』は実質的に『オール革新』に変質しつつあることを露わにした。……『オール沖縄』の共産党一強体制である」（17年7月17日「ハフポスト」日本版）と指摘している。

さらに日本共産党にとって、「オール沖縄」という統一戦線の何よりのプラス効果は衆院小選挙区・沖縄1区で「オール沖縄」の統一候補として同党候補が臨むことができたことだろう。それにより14年の第47回衆院選で同党として実に18年ぶりとなる衆院小選挙区議席の獲得、かつ党として唯一の小選挙区議席となったわけで、17年の衆院選でも同党として唯一の小選挙区議席確保を果たしたことだ。

日本共産党の統一戦線は「労働組合および大衆政党を内部から占領する」、つまり俗に言う〝庇を借りて母屋を乗っ取る〟戦術そのものといえるが、上記の「『オール沖縄』の共産党一強体制」「共産一色に染まりつつある」といった指摘はそれを示すものだろうか。そして、その結果としての日本共産党の沖縄での躍進といって過言ではあるまい。

■革命への片棒担がされる羽目にも⁉

日本共産党は現綱領で「民主主義的な変革は、労働者、勤労市民、農漁民、中小企業家、知識人、女性、青年、学生など、独立、民主主義、平和、生活向上を求めるすべての人びとを結集した統一戦線によって、実現される。統一戦線は、反動的党派とたたかいながら、民主的党派、各分野の諸団体、民主的な人びととの共同と団結をかためることによってつくりあげられ、成長・発展する」とし、統一戦線は労働者をはじめとした各層、各分野の諸団体との共同によってつくりあげられるとしている。

同党のめざす革命路線がいかにも幅広い層、幅広いすそ野に支えられるものとする自己宣伝的なニュアンスもあるだろう。だが、同党には同党系の外郭団体、フロント組織、あるいは支持団体、シンパの組織が同党周辺に多数あることもよく知られており、暗にそれらを指しているのかもしれない。

例えば、全労連（全国労働組合総連合）、自治労連（日本自治体労働組合総連合）、全教（全日本教職員組合）、国公労連（日本国家公務員労働組合連合会）、全日本民医連（全日本民主医療機関連合会＝民医連）、民放労連（日本民間放送労働組合連合会）、自由法曹団、青年法律家協会、出版労連（日本出版労働組合連合会）、日本ジャーナリスト会議、全商連（全国商工団体連合会＝民商）、新日本婦人の会、民青（日本民主青年同盟）……等々、実勢力はともかくとしても組織体としては全国的に各界各層に網の目のように張り巡らされている。

「大衆諸組織は、一方においては共産党が補給勢力をくみ取る貯水池であり、他方においては前衛と全階級、全労働者大衆とを結びつける伝導帯である。プロレタリアートの大衆諸組織が大きく、その数が多ければ多いほど、共産党の利用しうる貯水池は大であり、共産党が訴えうる聴手もまた広範である」とは同党の「二七年テーゼ」の一節である。

仮に、日本共産党が政権入りを果たせば、かつての蜷川府政下や美濃部都政下をはじめ多くの革新自治体での実際例のように、あるいは「オール沖縄」での取り組みのように、上記のような組織・団体などがそれぞれフル回転し、増殖拡大し、統一戦線とその上に立つ政府を強力に支え、影響力を高めていく役割を果たすことになろう。革命政党ならではの取り組みといえるが、この点も日本共産党以外の諸政党と違うところであろう。

いずれにしても、日本共産党が統一戦線戦術を一貫して追求し、民主連合政府樹立に固執し続け、その前段階に位置付ける「さしあたって一致できる目標の範囲」の共闘関係や政府実現に執念を燃やし続ける、その意図、目的を改めて直視する必要がある。

そうでないと、選挙での「票」取引のためとか、あるいは「さしあたって一致できる」当面の主張や要求実現のために日本共産党と手を組むこともあるだろうが、他政党からすれば一般的な選挙協力、野党共闘のつもりでも、知らず知らずのうちに日本共産党の言う統一戦線に与《くみ》する形となり、その小道具として扱われ、革命への片棒を担がされる羽目になることも起こりうるのではないか。

現に16年7月の参院選直前、民進党（当時）は全国32すべての1人区で〝野党統一候補〟を擁立するにあたり、唯一、香川県で民進党が推薦を決めていた候補者を取り下げ、日本共産党の公認候補に一本化した。

その際、同県では民進党県連代表と日本共産党県委員長が「確認書」を交わし、その冒頭に「両者は04年共産党新綱領の趣旨に従い……」と明記した。確認書は民進党県連が日本共産党綱領を「追認した形」（16年8月29日付「産経新聞」）、つまり〝同意〟したと宣言するに等しい内容であり、「民進党がどんどん共産党に蝕まれている」（16年6月6日ネット配信「産経ニュース」）と論評される一幕もあった。

この確認書について、志位委員長は後日の同党会合で、わが意を得たとばかりに「党綱領の立場に、他党から共感や信頼が寄せられるところまで、野党共闘が進化していることは、たいへんうれしい」「日本共産党綱領が現実政治の熱い焦点になっている」「日本共産党の綱領、まさに〝旬〟であります」と手放しで賛嘆し大評価した。それは選挙での「票」の取引材料として、民進党を日本共産党の革命戦略に引き込む一事例を物語るものだった。

■共産党との連立は「一方交通の道へ転化」

19年参院選が近づくにつれ、野党間で選挙協力・共闘態勢をめぐり、様々な動きが出てくるであろう。それに際し、冒頭部分で紹介した、ゲアハート・ニーマイヤー教授の次のような指摘の言葉を改めて銘記したい。

「現代の議会民主主義では、連立政権は例外というよりはむしろ通例だ……同一の政党がときには権力の座をしめていたかと思うと権力を失い、連立政権に参加していたかと思うと、野党になっていることだ。連立が瓦壊すると、参加していた諸政党はそれぞれ違った道をゆくが、いずれはふたたび新しい連立に復帰する可能性がないわけではない。……ところが、非共産主義諸政党と共産党を組み合わせた連立の場合はまったく違う。共産党が政治のパートナーとして登場するやいなや、その連立は継続する連鎖の一つの環たることをやめて、最終的なもの、つまり一定の明確な目標へいたる一方交通の道へ転化してしまう。共産党をふくむ連立はきまって共産党の独裁か、あるいは非共産主義政党と共産党間の完全な決裂をもって幕をとじる」（前掲書）。

〈注〉21ページの「〝格上げ〟された民主連合政府」以降の文中で引用した04年綱領（本文では「現綱領」と記載）の文言については、20年1月の第28回党大会で改定された綱領でも、そのまま踏襲され、同内容となっている。

Ⅱ．〝選挙目当て・野合〟の野党政権共闘

「野党連合政権」の非現実性

――20年1月の共産党大会で浮き彫り

日本共産党は2020年1月の党大会で、同党が参画する「野党連合政権」の22年までの樹立をめざすとの決議を採択し、志位和夫委員長は、同政権へ「とことん力を尽くす」と〃前のめり〃な姿勢を示した。

しかし、各紙は、現実性に乏しいとの見方を示している。立憲民主党や国民民主党は「野党連合政権に消極的」（1月19日付「読売」）で、「共産まで含めた政権を見据えているわけではない」（1月15日付「毎日」）。両党内には「『共産党とは国家観が違う』（国民ベテラン）と『連合政権』に懐疑的な声があり、野党共闘の深化に課題も多い」（1月19日付「朝日」）と。

事実、党大会で共産党は、社会主義・共産主義のバラ色の未来を喧伝。そのための手段として、「生産手段の社会化」（国有・公有・協同組合化など）を土台に、資本主義の「生産力、経済を社会的に規制・管理するしくみ」をめざすと強調した。資本主義制度の〃全般的廃止〃が同党の原則的立場だ。「自衛隊解消」「日米安保条約の廃棄」という非現実的な安全保障政策も踏襲している。

一方で、注視されていた党改革は軽視されたようで、党内の異論・批判を封じ、軍隊的な〃上意下達〃の組織原則と見なされる「民主集中制」などは温存・堅持、といった具合に、革命政党としての本質的部分は何ら変わっていないことを見せつけた。

連立政権をめざすのであれば、「国の根幹にかかわる基本政策をはじめ、幅広い施策のすりあわせは避けて通れない」（1月20日付「朝日」）。今回の党大会では「野党連合政権」を前面に打ち出したにもかかわらず、社会主義・共産主義をめざす特異な〝国家観〟や他野党と隔絶する国の安全保障政策を掲げたままだ。

これでは、いくら志位委員長が「党の見解を政権に持ち込むことはしない」と強調しても、それは〝建前〟〝方便〟に過ぎないと受け止められてもやむを得まい。国の方向性やあり方で、他野党との〝違い〟が大き過ぎるのである。

「野党共闘の最大の壁になっているのが、共産党の存在そのもの」と元共産党政策委員長の筆坂秀世氏が著書で指摘しているが、そのことが、今回の党大会で改めて、あらわになったのではないか。

（「公明新聞」20・1・27）

やはり〝野合〟の野党共闘

――19年参院選の党首討論で露呈

２０１９年６月４日に公示された参院選で、立憲民主、国民民主、共産、社民など野党5党派は、全国32ある「1人区」全てで候補を一本化し「野党共闘」の体裁を整えたように見えるが、前日6月3日の日本記者クラブ主催の党首討論会では、その野党間で「国民の関心が高いテーマでの足並みの乱れが露呈した形」(6月4日付「産経」)になった。

例えば、年金制度について、共産のマクロ経済スライド廃止の主張に対し、野党第一党である立憲の枝野幸男代表は「新しい提案」「抜本的な議論をもう一度」などと述べるばかりで、賛否は明確にしなかった。

また、自衛隊について、立憲は合憲、共産は違憲と根本的に異なることに関して、枝野代表は、「(共産党候補に一本化した)福井県の県民だったら共産党の候補者に1票を入れるのか」と問われても、「入れる」とも「入れない」とも態度を示さなかった。共闘相手に「1票を投じる」と堂々と明言できないようでは、「野党統一候補」というのは単なる見せかけだと映ってしまう。

消費税に関しても、公明党の山口那津男代表が、消費税を財源に実施される幼児教育無償化や高等教育無償化の法整備に、国民は賛成、立憲と共産、社民が反対と対応が分かれたことに触れ、消費税を巡る各党の考えの違いを指摘したが、枝野代表は「消費税は当面上げられる状況にはないということで完全に一致している」と述べるばかり。今後、野党として消費税をどうしていくか、何ら示せなかった。

結局、野党共闘なるものは「一致点を強調する戦術」(同「毎日」)にほかならないようだ。

討論会で、安倍晋三首相は「ただ政府を倒すためだけに統一候補を立てる。これ、終わったらまたバラバラになる。『決められない政治』の再現としか言えない」と厳しく指弾した。民主党政権の〝悪夢〟を予見させるような野党の〝野合〟ぶりを見せつけられては、批判を受けても仕方ないだろう。

(「公明新聞」19・7・5)

統一候補、「共産」の看板は邪魔!?

――党公認の方針一転、無所属に切り替え

日本共産党は2019年6月6日までに、7月の参院選の徳島・高知、鳥取・島根の両選挙区で、野党統一候補として出馬予定の共産党公認候補を無所属に切り替えると、それぞれ発表した。この2人を野党統一候補にする合意ができたのは5月29日。合意後の記者会見で「共産党公認で立つのか」との質問に志位和夫委員長は「そのつもりだ」と断言したはずなのに、そこから、わずか1週間程度で、「共産党」の〝看板〟を下ろしてしまった。

同様に共産党公認候補を野党統一候補にすることで合意した福井選挙区でも、他の野党から無所属での出馬を求められており、早くも〝野党統一の共産党公認候補〟なるものは風前のともしび。「共産党」の〝看板〟は、〝邪魔者〟扱いだ。

共産党は「勝ちにいくため、無所属で戦うことがベスト」と強がるが、立憲民主、国民民主両党を支援する労働組合の「連合」からは、「共産公認で立候補した経緯を踏まえると、今さら『無所属』と主張するのは有権者をまやかすことになりかねない」（連合徳島の会長、19年6月7日付「徳島新聞」）とバッサリ。連合の神津里季生会長も6月6日、「共産党とは歴史的な経過もあり、同じ選挙事務所で力を合わせてやることにはならない」と強調した。

というのも連合は、１９８９年の結成時に制定した「連合の進路」で、戦後の労働運動が分裂と再編を繰り返してきた背景として、共産党を念頭に「マルクス・レーニン主義を主唱する特定政党の直接・間接の介入、干渉は目にあまるものがあった」とし、そうした過去の失敗を「二度とくり返さない」との決意を記しているのである。

こうした歴史的経緯からか、立憲民主党の幹部は共産党に対し、「こちらに寄ってきているが、政権はともにできない。ハードルを下げても、飛び越えれば骨折する」（6月7日付「読売」）とまで語る。〝野党共闘〟の掛け声とは裏腹に、共産党に対する警戒感は高まるばかりだ。

（「公明新聞」19・6・8）

一本化合意で噴き出す不協和音
――背景に根強い〝共産党アレルギー〟

２０１９年7月の参院選に向け立憲民主、国民民主、共産、社民など5野党・会派は5月29日の党首会談で、32ある改選定数1の「1人区」のうち30選挙区で候補者の一本化に合意したという。だが、マスコミが報じるところによると、「野党各党には協力態勢を巡る温度差もあり」（5月30日付「毎日」）、「早くも不協和音が響く」（同「産経」）のが実態らしい。

中でも足並みがそろわないのが、共産党候補で一本化した福井、鳥取・島根、徳島・高知の3選挙区。その背景にあるのは、根強い〝共産党アレルギー〟のようだ。

立憲や国民を支援する連合は、労働組合の現場で長年対立してきた共産への不信感が根強いらしく、福井選挙区では、連合の地元組織が〝応援拒否〟を宣言し、確執の根深さを印象付けている。

鳥取・島根選挙区でも、「立民、国民は落胆と反発」(同「山陰中央新報」)し、「共産とは一緒に戦えない」「自主投票になりそうな空気」との声も。

さらに、徳島・高知選挙区では、徳島の連合会長が「連合として共産党候補は応援はできない」とバッサリ切り捨てている。

一方、旧民進党から分裂した立憲、国民にも、国会で主導権争いを繰り広げるなど感情的なしこりが残ったまま。立憲新人が立つ選挙区について国民民主党内には、「立憲は応援できない。自民候補を応援する」とまで明言する国会議員がいるという。

そもそも「野党は国会対応などで事あるごとに内輪もめを繰り返してきた」(同「読売」)ことに加え、安全保障政策など重要政策でも大きな隔たりがある。参院選を前に、慌てて野党共闘を声高に叫んでみたが、結局、〝野合〟の域は出ないようだ。

(「公明新聞」19・6・1)

共闘確認、実態は「同床異夢」

――理念や政策放棄した選挙目当ての「野合」

立憲民主党や国民民主党、日本共産党など野党6党派が2019年2月20日の幹事長・書記局長会談で、19年7月の参院選で32ある改選定数1の「1人区」で候補を一本化するための方針を確認したが、表向きの〝共闘〟確認とは裏腹に、実態は「同床異夢」のようだ。

まず、通常国会がスタートする前から続いている立憲民主と国民民主の異様な主導権争いだ。背景には、「民進党分裂時の遺恨」（19年1月30日付「毎日」）が指摘されているが、いずれにしても両党間は〝共闘〟どころではない〝亀裂〟が深まっている。

そこに、「本気の共闘」とやらを迫る日本共産党が加わっているから話がややこしくなっている。「本気の共闘」とは、野党各党派が「共通公約」を掲げ、「相互支援・相互推薦」を行おうというもの。

そもそも、日本共産党の野党共闘の真の狙いは、野党連合政権→社会主義・共産主義革命への前進にあるわけだが、目先の利益は、17年衆院選の時のような〝惨敗〟を繰り返したくないということにほかならない。つまり、野党間で不十分な候補者調整のまま、小選挙区の候補を取り下げた結果、共産票が他の共闘勢力に流出。最終的に、比例区は前回比で約160万票の激減、獲得議席は公示前より9議席減らしてしまった――そんなことはもう二度とゴメン、ということだろう。

とはいえ、日本共産党は現在でも「警察庁としては、暴力革命の方針に変更はない」（16年3月22日閣議決定の政府答弁書）と断定されている。

それに加えて、日本共産党と立憲民主、国民民主両党とは安全保障などの基本政策でも大きな溝がある。そんな政党が集まって、どんな説得力のある共通公約を示せるというのか。

政治理念や政策は、政党と国民をつなぐ生命線だ。それを参院選「1人区」対策のために放棄することは、いくら〝野党共闘〟〝共通公約〟といってみても、結局、選挙目当ての「野合」と批判されるだけである。

（「公明新聞」19・2・26）

「野党共闘」の危険な真実
――革命への第一歩と位置付ける共産党

日本共産党は2017年7月の党創立95周年に向けて、1月中旬に行われた党大会での決定（決議など）を同党党員に読了させる取り組みを、夏の東京都議選勝利への取り組みと並ぶ「二つの大きな仕事」と位置付けて、「大志とロマンを持ち、歴史をつくる一大運動をやりとげよう」（2月7日の全国都道府県委員長会議で小池晃書記局長）と呼び掛けている。

共産党員にとって、党大会決定を読むことが、なぜ「歴史をつくる」ことになるのか。党大会決定には、共産党が現在躍起になっている民進党などとの「野党共闘」、そしてその先の「野党連合政権」の実現が、共産党の「大志とロマン」ともいうべき共産主義革命への道筋であると意義付けがなされているからだ。

大会決議では、野党共闘を「決断できた根本には「思想・信条の違いをこえた統一戦線によって社会変革をすすめるという、党綱領の生命力がある」と明記。

要するに、社会主義・共産主義革命への第一歩としている「統一戦線の政府・民主連合政府」(党綱領)に向けたステップとして、野党共闘を位置付けているのである。

その共産党から盛んにラブコールされている民進党だが、野党共闘にどう臨もうとするのか、3月12日開催の同党大会での論議が注視されているところだ。

ただ、共産党との共闘に対しては、民進党の最大の支持団体である連合の神津里季生会長が「民進党と共産党は目指す国家像が明らかに違います。ですから共産党が求めている野党間の『政策協定』など結ぶようなことはあってはならないと思いますし、候補者の相互推薦もありえないはず」(「文藝春秋」17年1月号)と強くクギを刺している。

また、政治学者の中北浩爾一橋大学教授は「民進党は政策距離が大きい共産党と共闘することで、かえって政権から遠ざかる危険すら招きかねない」(1月26日付「朝日」)と指摘する。

当の民進党は、民主党政権の失敗を受け、低迷が続く支持率の回復へ、党名を新たにして出発したが、〝思惑外れ〟の状態は続いたままである。

そうした中、蓮舫代表の足元の東京都議会では、ついに民進党系2会派が合流するに当たり「民進」の看板をわざわざ外した。
党内には、共産党との連携で窮状の打開を図ろうという意向もあるとか。さてどう決断するのか、民進党の見識が問われている。

（「公明新聞」17・3・4）

天皇即位の「賀詞」に賛成
――共産党の戦術的なソフト路線!?

そもそも天皇制廃止をめざす日本共産党が2019年5月9日の衆院本会議と同15日の参院本会議で、新天皇の即位に祝意を示す「賀詞」に賛成した。

こうした姿勢に対し、何かと憶測が出されている。例えば5月13日付「産経新聞」では、『ソフト路線』拍車――参院選　野党共闘停滞に焦り」との見出しを掲げ、こう伝えている。

「19年2月の譲位前の上皇さまの『天皇陛下在位30年記念式典』に欠席した」のに、それが「一転」、「正反対の動き」を示したのは、夏の参院選1人区での野党候補一本化の擁立作業が遅れており、その「背景には主要政策で共産党と隔たりがある他党の慎重姿勢がある」と。そこで立憲民主党幹部が共産党に対し「連携を進める条件の一つとして反皇室色を薄めることが重要だと助言したという」ことが契機だったのではとの見方を示している。

日本共産党は天皇制に対し、旧綱領では「君主制の廃止」を明記し、毎年の国会開会式も天皇が臨席することを理由として、ずっと欠席してきた。04年制定の綱領でも、天皇制は「民主主義および人間の平等の原則」と両立しないと否定され、将来の問題として、天皇制のない「民主共和制の政治体制の実現をはかる」としている（20年1月に改定された現綱領でも同内容となっている）。

当然そのためには現憲法を廃棄し、めざす「民主（人民）共和国」にふさわしい社会主義憲法を制定することになる。それが同党の原則であり、革命戦略であり、その過程としての〝現憲法擁護〟はあくまで当面・一時的な〝方便〟〝戦術的〟なものだ。

原則を押し隠しての戦術的な擬態が柔軟微笑の「ソフト路線」と見なされているのだが、5月14日付「東京新聞」では「薄まる〝らしさ〟『踏み込みすぎ』支持者反発も」との見出しで、「昔ながらの活動家や支持者には賀詞に反発したり批判的な声があるのも事実」といった党員らの声を報じている。

「共産党支持層には最近の〝皇室容認〟の動きに内心、不満を持つ者も少なくないのだ。党が実利を得られなければ、不満が噴出する可能性も否定できない」（前記「産経」）との指摘は同党執行部にとっても頭が痛いのではないか。

（「公明新聞」19・5・17）

香川の民進党、共産党の綱領に〝同意〟!?

党結成以来、支持率の低迷にあえぐ民進党は〝窮余《きゅうよ》の一策〟とばかりに、2016年7月の参院選で革命政党・日本共産党と連携。全国32すべての1人区で〝野党統一候補〟を擁立する。中でも香川県は唯一、民進党が推薦を決めていた候補者を取り下げ、共産党公認候補に一本化した選挙区だ。

こうした動きには、「共産党に譲歩を重ねる民進党執行部に対し、党内からは『民進、共産両党の融合が一層進みかねない』（中堅）と懸念する声も上がっている」（5月21日付「読売」）とされるが、香川県では、その懸念通りの現実が生まれているようだ。6月3日に民進党県連代表の小川淳也衆院議員と共産党県委員長が交わした「確認書」が象徴的だ。

その冒頭には「両者は04年共産党新綱領の趣旨に従い……」と明記。確認書は、民進党県連が共産党綱領に〝同意〟したと宣言するに等しい内容となった。

そもそも日本共産党は、共産主義の独裁国家をめざす革命政党で、04年綱領の趣旨も従来同様、資本主義体制を転覆《てんぷく》し、社会主義・共産主義の社会をめざすこと。制定当時の各紙社説で『革命政党』の本質は何一つ変わっていない」（産経）、「穏やかな表現に変えたが、根本の路線はそのまま」（読売）と論評された通りだ。

しかも、政府は、04年綱領の現在においても「『暴力革命の方針』に変更はない」（16年3月の質問主意書に対する答弁書）として、共産党を破壊活動防止法に基づく調査対象団体に指定している。これは民主党政権下でも同様だった**【別稿・解説67ページ】**。

そんな共産党の綱領に「従い」と、わざわざ確認する文書まで交わしてしまった民進党県連の対応ぶりは、選挙協力を進めることで「民進党がどんどん共産党に蝕《むしば》まれている」（6月6日ネット配信「産経ニュース」）という現状を物語るかのようだ。

（「公明新聞」16・6・11）

離合集散繰り返す旧民主党

旧民主党は、民主党政権の失敗後、2016年3月に党名を民進党に改称（維新の党が合流）。17年10月に希望の党との合流を巡り分裂。合流を拒否された左派系が立憲民主党を結成（枝野幸男代表）。一方、希望の党の一部議員（主に旧民進党系）らが18年5月に国民民主党（玉木雄一郎代表）を結党。20年9月に国民民主党の過半の議員が再び立憲民主党に合流。「帰ってきた民主党」「民主党への先祖返り」などと称される。合流しなかった議員は分党して国民民主党（玉木代表）を改めて立ち上げた。

寄稿

国民忘れた野党共闘

――日本共産党の本質は暴力革命

政治評論家　森田　実氏

率直に言って、民進、共産、社民、生活の野党4党による「野党共闘」戦略は、目先の瞬間的な利益欲しさに国民を見失った野合だと思います。

政治は国民抜きにはあり得ません。その国民と政党をつなぐのが政治理念であり、政策です。政党が自分たちの政治理念や政策を放棄して他党と手を組むのであれば、国民に対する背信行為であり、堕落です。恥を知れと言いたい。

今回の野合の中心は民進党と共産党ですが、両党の基本理念は全く逆です。例えば、民進党は日米同盟を支持していますが、共産党は反米です。民進党は消費増税を先導してきましたが、共産党は消費税自体に反対です。何より共産党は社会主義・共産主義をめざす革命政党です。混乱の末の破綻は間違いありません。

民進党は旧民主党時代に選挙で負け続けたことで心に隙が生じたのでしょう。そこへ統一戦線戦術によって政権入りを企む共産党が上手く入り込みました。

私が知る一流の政治家たちは困難に直面してもじっと耐え忍んで己の力で乗り越えてきました。いくら国民の支持が得られていないからと言って、議席目当てに誇りまで捨てるような卑しい生き方は惨めです。

民進党に忠告したい。共産党は自己利益を最優先にしている政党です。国民の幸福なんて何も考えていない。かつて美濃部都政で共産党と協力した旧社会党が衰亡したように、共産党に魂を売った政党は気付けば自分たちが食い尽くされます。「巧言令色《こうげんれいしょく》」で軒下を借り、いつしか母屋を乗っ取るのが共産党の戦術です。民進党には議員歴の長い人もいるのに、なぜそれが分からないのか不思議です。このままでは自滅への道をたどることになります。

共産党が平気で嘘をつく政党であることも忘れてはなりません。ここが常に誠実、真正直な公明党との違いです。共産党は過去に自分たちが行った暴力、破壊活動はひた隠し、にこにこと、もみ手をしながら国民にすり寄ってきます。手練手管な共産党のウソ宣伝に騙《だま》されてはいけません。

最近の共産党は、革命ではなく、議会で多数を得ることで平和的に社会主義をめざすと言っていますが欺瞞《ぎまん》です。今まで共産党を見てきた人は誰も信じません。２００４年に改定された共産党の綱領でも暴力革命の方針は明確に堅持されています。だから現在も政府は、共産党を破壊活動防止法に基づく調査対象団体に指定しているのです。

共産党が理論の基礎とするマルクス・レーニン主義（科学的社会主義）の本質は暴力主義であり、隙あらば自由と民主主義を弾圧し、権力で国民を支配しようとする本性が現れるのは歴史に照らしても明らかです。

（「公明新聞」16・6・29）

Ⅲ．露骨な歴史の改ざん・歪曲

隠せぬ共産の〝暴力革命路線〟

――「敵の出方論」を維持。「51年綱領」は正規の方針

「共産党は1922年の結党綱領案や『51年綱領』で天皇制の廃止を訴え、労働者の武装闘争で政権をとる暴力革命を打ち出した」との日本経済新聞の記事（2019年2月22日付）に対し、日本共産党は同年3月1日、「誤った記事」だと発行元に抗議してみせた。

この件に関し、政府は共産党について、同党が「51年綱領」などに基づいて「武装闘争の戦術を採用し、各地で殺人事件や騒擾《そうじょう》（騒乱）事件などを引き起こしました」（公安調査庁）との見解を公表しており、同党が全国各地で凄惨なテロ行動、暴力的破壊活動を行ったことは厳たる歴史的事実だ。裁判所も認定している。日経記事も同様な認識の下、書かれたのだろう。

「日本の解放と民主的変革を、平和の手段によって達成しうると考えるのはまちがいである」として暴力革命唯一論に立った方針を明示した「51年綱領」について、共産党は「党の正規の機関が定めた文書ではなく……分派が勝手に作った文書」（19年3月2日付「赤旗」）、「党の正規の機関で『暴力革命の方針』など一度もとっていない」（同3月2日発信の小池晃書記局長ツイッター）などと言い逃れを図るが、歴史を改ざんする大ウソにすぎない。

共産党は、1958年の第7回党大会で採択された報告で、51年綱領を「一つの重要な歴史

的な役割を果たした」「完全に正しい」と評価し、同綱領を採択した51年の第5回全国協議会（5全協）は「ともかくも一本化された党の会議であった」と認めている。党を挙げて暴力革命唯一論を推し進めたのである。

後に共産党は、暴力革命唯一論には立たない綱領を採択した。しかし、革命の形が平和的になるか非平和的になるかは敵の出方によるとする、いわゆる「敵の出方論」を採用し、暴力革命の可能性を否定することなく現在に至っている。

だからこそ、政府は、今日もなお共産党を「破壊活動防止法に基づく調査対象団体」としている。これは、民主党政権時代も含めて一貫している。

立憲民主党などは目先の選挙で力を借りようと、共産党との〝共闘〟を進めようとしているが、2019年3月2日未明の衆院本会議で他党議員が指摘したように「破壊活動防止法の監視対象と連携する政党」ということになってしまうのではないか。

（「公明新聞」19・3・9）

追記 議会通じての「平和革命」方式を否定

前記「隠せぬ共産の〝暴力革命路線〟」の記事にあるように、日本共産党は1951年、「暴力革命唯一論」に立った「51年綱領」と、同綱領を実践するための具体策として「われわれは、武装の準備と行動を開始しなければならない」とする軍事方針を決定。党組織に統一司令部や軍事委員会を設け、「中核自衛隊」「山村工作隊」などの軍事組織を結成して武装蜂起・軍事闘争に突入。全国各地で暴力的破壊活動を展開。それが発端となって「破壊活動防止法」が制定され、同党は同法に基づく調査対象団体に指定された。現在も同党は「敵の出方論」を取っており、「暴力革命路線」を温存・維持している、とされる問題に関しては、国会でもたびたび取り上げられている。最近では２０２０年2月13日の衆院本会議で安倍晋三首相が日本維新の会所属議員の質問に答え、「日本共産党は昭和26年から28年ごろにかけて団体の活動として暴力的破壊活動を行った疑いがある」「現在もいわゆる『敵の出方論』に立った暴力革命の方針に変更はないと認識している」と答弁している。

◇暴力的破壊活動の事実を全否定

これに対し、日本共産党は直ちに抗議と反論を展開。志位和夫委員長は首相答弁があった同日の記者会見で、党が分裂した時期に「一方の側に誤った方針・行動があった」と言い逃れを図りつつ、「暴力的破壊活動なる方針を、党の正規の方針として持ったり、実行したりしたことは、ただの一度もない」と強弁。さらに翌日付の「しんぶん赤旗」1面で、「議会で多数を得ての平和的変革こそ日本共産党の一貫した立場」との事実に反する大見出し記事を掲載、といった具合。これまでも同様の対応を取っており、また「分派がやった」という逃げ口上も、よく使っている。

この日本共産党の言い分には、幾重ものごまかしと偽りがある。欺瞞《ぎまん》宣伝そのものだ。

同党が〝党の正規の方針〟であった「51年綱領」に基づいて暴力的破壊活動を展開したことは、世間周知の〝消すことのできない歴史的事実〟。それを全否定するわけだが、前記記事で、「51年綱領」を決定した5全協が「ともかくも一本化された党の会議」、つまり党の正式な会議であり、ここで決定された軍事方針は日本共産党の〝正規の方針〟とされていた事実を指摘した。そのことを示す根拠は同党内の随所にある。

例えば、1955年7月の第6回全国協議会（6全協）での決議はその冒頭で、「新しい綱領（51年綱領＝引用者注）が採用されてからのちに起こったいろいろの出来事と党の経験は、綱領に示されているすべての規定が完全に正しいことを実際に証明している」と評価。そして、「わが党の基本方針は依然として新しい綱領（51年綱領＝同）にもとづいて、日本民族の独立と平和を愛する民主日本を実現するために、すべての国民を団結させてたたかうことである」「今後の党活動は、綱領（51年綱領＝同）とこの決議にもとづいて指導される」（付帯決議）と明記して、引き続き「51年綱領」を堅持するとしていた。その直後の55年8月の「6全協記念政策発表大演説会」で宮本顕治氏は「あのかがやかしい新綱領（51年綱領＝引用者注）」「この新綱領がしめした道がまったく正しかった」「この綱領は今回の決議のみちびきの星」（55年8月19日付「アカハタ」）と述べるなど、同党の正規の方針としての「51年綱領」を高々と持ち上げ、全面的に評価していた。

その宮本氏だが、同党が今日、「分派」「一方の側」呼ばわりする当時の主流派である徳田球一書記長らの側（＝所感派）とは対抗関係にあった反主流派の側（＝国際派）を率いていた人物。しかし、その宮本氏は、前記記事で記したように、「51年綱領」について、58年の第7回党大会でも「正しかった」「一つの重要な歴史的な役割を果たした」「歴史的意義をもった」と高評価していた。「51年綱領」は第7回党大会で、新たな綱領が起草・討議されたことに伴い廃止されるが、新綱領制定（61年の第8回党大会）後の翌62年に出版された日本共産党中央委員会編者・

同出版局発行の『日本共産党綱領集』には、「51年綱領」は一時期における、歴とした党の正規の綱領、正規の方針として登録されている。

◇ウソ・ごまかしの玉突き連鎖

ところが、それから三十数年も経ってから突如、「(五一年綱領を) 綱領とよぶのは正しくない……『五一年文書』などの用語を用いるのが適切」(93年6月25日付「赤旗」) とし、「綱領」から「文書」に格下げした。以後ずっとそれが党内で踏襲されている。93年当時といえば、ソ連・東欧の社会主義が既に崩壊し、ソビエト連邦は解体 (91年12月)。日本共産党も奉ずるマルクス・レーニン主義の破綻・破産が全世界的に周知となっていた時代。同党にとっても党を根幹から揺るがす大激震期だったろう。それだけに同党にとって負のイメージとされる部分、とりわけ暴力的破壊活動を行った事実などは、それこそ真っ黒な暗黒部分・最大のアキレス腱と見なされており、何とかそれを国民の目から隠蔽したい、後景に退けたいといった思惑が働いたことは想像に難くない。

同党では、この党内措置——それも宇野三郎・常任幹部会委員名の「赤旗」2面報道という、ごく手軽なものだが、この布石が打たれていたことで、今日繰り出される欺瞞宣伝、すなわち、あの一連の軍事闘争・暴力的破壊活動は、もう「党の正規の方針」に基づくものではない、そしてさらに論理飛躍させて志位委員長が言うような「暴力的破壊活動なる方針を、党の正規の方針として持ったり、実行したりしたことは、ただの一度もない」と強弁することが形式上も可能としているのだろう。しかしそれは、見え透いた、姑息に過ぎる、辻褄合わせ的な茶番としか映らない。いずれにしても過去の事実を偽る、歴史の改ざん・歴史の歪曲そのものであり、責任回避の詭弁、破廉恥極まる開き直りという以外にない。

一度ウソやごまかしをやると、玉突きさながらに連鎖反応的に次々それを重ねるようになるものだが、その一典型が「議会で多数を得ての平和的変革こそ日本共産党の一貫した立場」なる虚論だ。同党は、「議会主義」「議会で多数を得ての平和的変革」「革命の平和的移行唯一論」を散々否定してきたのではないか。

現綱領（2020年1月制定）の土台となっているのは、俗に「宮本綱領」と呼ばれる同党の「61年綱領」。それに関し、04年の綱領改定の際、不破哲三議長（当時）は「61年綱領」について、その路線の「正確さ、的確さ」を大評価し、その「基本を引き継ぐ」とし、現綱領でもそれは踏襲されている。

その「61年綱領」採択の過程で、宮本書記長（当時）らは革命の平和的移行（平和革命）をめざすことを定式化すべきとの党内一部の意見を頑強に拒否し、ついに平和革命を党綱領に明記しなかった。そもそも宮本氏はかつて、「……ロシア革命のばあいを歴史的に類推して、日本革命の『平和的発展の可能性』を提起することは、根本的な誤りとなる。したがって、議会を通じての政権獲得の理論も、同じ誤りであることは論をまたない」（日本共産党の機関誌「前衛」1950年5月号）と主張して、「平和革命論」を否定し、「武装闘争・暴力革命論」を公然と唱えていたのだ。

◇「非平和的形態も十分考慮」と主張

日本共産党の「61年綱領」の基本は、「暴力革命唯一論」は否定するが、暴力革命そのものは肯定する、革命の平和的移行の可能性は追求するが、「平和革命唯一論」は否定する、というもので、同党内の論議はその基調で貫かれている。例えばこうだ。「議会を利用した革命の平和的移行の道だけを絶対化する『議会主義』と『平和革命唯一論』」を誤った「修正主義」「日和見主義理論」として排撃（64年の第9回党大会での「中央委員会の報告」）、「……国会で安定した過半数をしめるという過程をとおらないで革命にのぞむ可能性もあるということを見のがしてはいません」（下司順吉・幹部会委員、日本共産党中央委員会発行「議会と自治体」67年9月号）、「……けっして、議会で多数をしめさえすれば革命が達成されるとかいう『議会主義』の立場にたっていないことはあきらかです」（日本共産党中央委員会発行「月刊学習」66年12月号）、さらに「（平和革命必然論に対し）ただ平和革命一本槍の、丸腰の、おめでたい戦略」（袴田里見・副委員長、「前衛」61年3月号）との嘲笑などなど。

あるいは、マルクス・レーニン主義者の一部から、同党が「『議会主義』路線に転落した」など と批判されたことに対しては、憤然として「綱領の作成の過程において『平和革命必然論』を唱えた春日庄次郎、内藤知周らの反党修正主義者らといかにたたかったかを、故意に黙殺して、わが党の路線を『議会を通じる平和革命論』であるなどと強弁することは、まさに『ペテン師』的やり方である」（「議会と自治体」67年12月号）、「わが党の綱領が平和革命論などと中傷しています。だが、これはわらうべきことです」（「議会と自治体」67年9月号）などと大反論している。そして、「日本共産党は革命の平和的実現をただ一つの道として絶対視していません。革命の発展が別の形態、すなわち非平和的な形態があることも十分考慮に入れています」（日本共産党中央委員会出版部発行『日本共産党100問100答』68年版）との方針を公然とさせてきたのだ。そもそもマルクス・レーニン主義においては、革命の平和的移行は「きわめてまれな可能性」（日本共産党中央委員会出版局発行『共産主義読本』）しかないとされているのだ。

◇旧社会党の平和革命方式を徹底批判も

そのような立場から、同党は、旧社会党の「議会を通じての平和革命移行論」を大批判してきたのではないか。例えば、「（社会党は）革命路線でも『暴力や武力を用いず、民主主義的な方式で、議会に多数を占めることによって遂行する』（綱領）という『議会主義』の立場をとり、革命の根本問題である国家権力の問題を回避した日和見主義改良主義の方針をとっています」（『日本共産党100問100答』68年版）、「（社会党の革命路線は）もっぱら『議会を通じての平和革命方式』というあからさまな『平和移行必然論』と『議会主義』の立場にたち、革命の根本問題である国家権力の問題をまったく回避した日和見主義、改良主義の方針をとっています」（日本共産党の重要論文「現代修正主義者の社会民主主義政党論」）などと批判。

また、不破哲三元議長は、「前衛」に寄せた論文「日本社会党の綱領的路線の問題点」で、社会党の「議会を通じての平和革命方式」を組上《そじょう》に挙げ、徹底的批判を展開し、これでもかとばかりにこき下ろし、罵倒している。すなわち、「社会党の『革命』路線の小ブルジョア的、日和見主義的性格を、もっともあからさまな形で露呈したもの」「日和見主義的『楽観主義』の議論であり……解放闘争の方法を誤らせるもの」「何らの客観的、科学的な裏付けをもたず、まったく自分たちの願望にもとづく主観的な『仮定』を二重、三重にくみたててつくりあげた独断的な議論」「無邪気な議論で……自分の主観的願望を科学的分析にかえた主観主義の議論」「きわめてこっけいな空論」「まったくの空理空論」（68年

1月臨時増刊号）などと。あるいは、上田耕一郎・副委員長は、こう述べている。「日本共産党綱領は……社会党のような無条件の平和的移行論とちがった『敵の出方』論の見地にしっかりと立っています」（79年8月5日付「赤旗」日曜版）と。

上記の言説や不破氏らの主張について、党として、また不破氏らがその後に、「あれは間違いであった」と自己批判して撤回したという事実は寡聞にして知らない。というより、不破氏らの言説はマルクス・レーニン主義の革命論からの原理・原則的な立場に基づくものであり、その変更や撤回などあり得ない話だろう。だが、その不破氏らの言説に照らせば、今日の同党が叫んでいる「議会で多数を得ての平和的変革」とは、不破氏が罵倒しまくった「小ブルジョア的」「日和見主義的『楽観主義』の議論」「解放闘争の方法を誤らせるもの」「主観主義の議論」「無邪気な議論」「きわめてこっけいな空論」「まったくの空理空論」……となるのではないか。それは自己矛盾どころか、まさに自己否定そのものとなってしまう欺瞞的な方針をぬけぬけと掲げているということではないか。

◇戦前は武装蜂起・軍事闘争方針を公然化

それと戦前のことではあるが、同党の「三二年テーゼ」では、「帝国主義戦争の内乱への転化」「革命的情勢の存在する時……全国にわたり広範に、労働者農民兵士ソビエトを樹立すること……警官、憲兵、陸海軍の士官の武装解除、労働者農民の武装、プロレタリア赤衛軍の創設……のために闘争すること」「鉄道、汽船、および軍事工業においてストライキを遂行するために全力をつくさねばならぬ……そのさいゼネラル・ストライキの宣言とその武装蜂起への転化がめざさるべきである」という武装蜂起・軍事闘争方針を掲げて活動してきたのだ。

「戦前の共産党の場合、革命の手段として暴力の容認は疑問の余地がなく当然のこととされ、問題にされたこともなかった」（立花隆『日本共産党の研究』）と指摘される通りで、立花氏の同著には「武装共産党」時代における同党行動隊員らがピストル、仕込刀、匕首《あいくち》、ナイフなどの武器を所持しての官憲との武力衝突で多くの傷害致死事件を引き起こしたことや党資金獲得のための銀行襲撃事件などの違法・不法行為の類が取り上げられている。

２０２０年1月の第28回党大会で採択された同党新綱領で、戦前の日本共産党について、「……日本共産党が平和と民主主義の旗を掲げて不屈に戦い続けたことは、日本の平和と民主主義の事業にとって不滅の意義をもった」と自画自賛するが、しかし前述で戦前の同党の活動の一端に触れたように、実際は随分違うのではないか。

いずれにしても、こうした動かしがたい事実を前にしながら、それでも同党は自らを偽り、何食わぬ顔をして、「議会で多数を得ての平和的変革こそ日本共産党の一貫した立場」などと臆面もなくデマ宣伝を行うとは、一体どういう神経なのか。国民を欺き愚弄するのも甚だしい。

◇「分派がやった」の恥知らずな責任逃れ論

また、日本共産党が犯した暴力的破壊活動について、「分裂した一方の側がやった」「分派がやった」との言い逃れだが、責任回避の、恥知らずで不誠実な態度という以外にない。さすがに事実そのものを全否定はできないので、イメージ的に幾分なりともトーンダウンさせる思惑からか、いかにも党内一部の跳ね上がり分子がやったかのような印象操作、スリ替えを狙っているのであろう。

当時の日本共産党は、前述のように、徳田書記長側（所感派）と、後に実権を握る宮本顕治氏らの側（国際派）に分かれていた。それに関し、同党中央委員会勤務・国会議員秘書の経歴を持つ兵本達吉氏の著『日本共産党の戦後秘史』（産経新聞社刊）によれば、「徳田主流派と宮本国際派の力関係は、一般党員レベルでは九対一、専従活動家のレベルでは、せいぜい七対三ぐらいで『分派』はむしろ宮本の方であった」、徳田主流派は「多数を占めていたことは間違いない」と指摘する。

兵本氏はその上で、こう譬える。「『党が分裂していた一方の側がやったことで、現在の我々の与りしれぬことである』といって責任を回避する。これは全く通用しない議論である。ある会社が罪や不正行為を犯す。そして社長が退任する。そこで次の社長が、『あれは前の社長がやったことであり、しかも自分は前の社長とは仲が悪かった。だから、我が社は責任を取ることが出来ない』と主張しても、世間では全く通用しないであろう」（前掲書）と。

当たり前の話だ。もし当該企業が日本共産党ばりの詭弁を弄したら、それは恥知らずな無責任行為として強い批判に晒され、信用・信頼を失墜し、恐らくその社会的存在基盤も失いかねないほどの打撃を受け、深刻な窮状に陥ろう。

いうまでもなく政党・政治家は公党・公人の立場にあり、誰よりも倫理・道徳的にもウソ・偽りなど厳しく律せられるべき存在であるはずだ。それが日本共産党においては、前述の指摘のように、驚くほどの歴史の改ざん、歪曲、ウソ、偽り、ごまかしを平然と重ねる。それは国民や社会に対する重大な背信行為、裏切りであろう。平然とウソをつくということは、国民や世間・社会を平気で騙すことである。そのような当該当事者・組織はまた再び人々を裏切ることになるのは必然であろう。

〈解説〉

「暴力革命の方針」変わらず（政府の答弁書）

――日本共産党は破防法の調査対象団体

政府は２０１６年3月22日の閣議で、日本共産党について「『暴力革命の方針』に変更はないものと認識している」とし、「現在においても、破壊活動防止法（破防法）に基づく調査対象団体である」との答弁書を決定した。鈴木貴子衆院議員（無所属＝当時）の質問主意書に答えた。

日本共産党は１９５１年の第5回全国協議会で「日本の解放と民主的変革を平和の手段によって達成しうると考えるのはまちがいである」「われわれは、武装の準備と行動を開始しなければならない」との方針を決定。この「51年綱領」と呼ばれる軍事方針に基づき、中核自衛隊、山村工作隊等の非公然組織を編成し、全国各地で火炎ビン闘争や騒擾事件、警察官殺害事件などの軍事活動、暴力事件を引き起こした。今回の答弁書も「政府としては、日本共産党が、昭和二十年（１９４５年）八月十五日以降、日本国内において、暴力主義的破壊活動を行った疑いがあるものと認識している」と明記している。

破防法は、そうした暴力主義的破壊活動や52年5月に発生した血のメーデー事件をきっかけとして、メーデー事件直後の52年7月に施行された。暴力主義的破壊活動をした団体の活動制限などを定めている法律だ。公安調査庁は同法に基づき対象団体の調査を行う。刑法上の内乱や騒乱などの暴力主義的破壊活動を行ったり、その恐れがある団体には一定期間の活動禁止処分や解散請求ができる、としている。今回の政府答弁書では、日本共産党について「警察庁としては、現在においても、……『いわゆる敵の出方論』に立った『暴力革命の方針』に変更はないものと認識している」と明記している。

「敵の出方論」とは、「マルクス・レーニン主義の革命論の重要原則の一つ」とされ、日本共産党においても「革命への移行が平和的となるか非平和的となるかは結局敵の出方による」とし、しかも敵（旧支配権力）の出方と言いながらも、「……支配階級はみずから進んで権力をゆずりわたすことは絶対にない」と断定。そして敵の出方によっては「武器を用いる流血的な形態をとる」としている。

一面では革命の「平和的移行」を追求していることは事実だが、しかしそれとて暴力と決別した「平和革命」ではない。同党文献には「たとえ平和革命が実現するとしても、そのことはただちに『合憲的』あるいは『合法的革命』を意味するわけではない。平和革命＝合憲革命＝合法革命とみるのは、権力の問題を不当にせまいワクのなかに押し込め、革命そのものを身動きできないものにしてしまう修正主義者の態度」とし、あるいは「平和的とはただおとなしくということではありません。また、議会をつうじてだけ、いわゆる『議会の道』ではありません。わたしたちは議会を革命的に利用しながら、労働者階級をはじめとする全人民の壮大、激烈なたたかいをすすめていくのです」と示しているのだ。

Ⅳ．自衛隊発言にみる日本共産党の本質

欺瞞《ぎまん》に満ちた共産党の安保政策

――「防衛費は人殺し予算」発言が示す異質な自衛隊観

■「自衛隊」解消、「日米安保」廃棄の方針

２０１６年7月の参院選では、日本共産党の政策責任者による「(防衛費は) 人を殺すための予算」との驚くべき発言をきっかけに、自衛隊があたかも〝人殺しの集団〟であるかのような、多くの国民の認識とはかけ離れた同党の異質な自衛隊観が広く知られるところとなった。同党は選挙戦を通して、自衛隊が「憲法違反の存在」(参院選法定2号ビラ) であり、「将来の展望として、国民の合意で9条の完全実施にふみだす」(同) 方針であることを国民に訴えていた。「9条の完全実施」とは、同党の綱領に明記されている通り、「自衛隊の解消」である。

日本共産党は、現行憲法の「全条項をまもる」と強調し、将来的には「違憲の軍隊である自衛隊」(16年2月4日の志位和夫委員長の記者会見) を解散することをめざしている。また、同党の綱領には、日米安保条約 (日米同盟) の廃棄も掲げられている。こうした主張をそのまま受け取るならば、同党の安全保障政策は「非武装・中立」路線であると誰もが思うのが自然だろう。

■社会主義憲法下で「自衛軍」「軍隊」創設

だが、同党の安保政策は長年、「中立・自衛(武装)」路線で一貫していた。すなわち、当面

は現行憲法を維持して平和的条項（9条）の完全実施の名目で自衛隊を解消し、将来は現行憲法を廃止して新たな社会主義憲法下で〝自衛軍〟を創設する――というのが、同党の一貫した立場であった。

1968年に発表された同党の安全保障政策「日米軍事同盟の打破、沖縄の祖国復帰の実現――独立・平和・中立の日本をめざして」（68年1月8日付「赤旗」）では、自衛隊について「憲法違反の対米従属と人民弾圧の軍隊」と断じる一方で、「日本共産党は、これまで、日本民族が、自国を外国の侵略からまもる固有の自衛権をもっていることを、否認したことは一度もない」として、「……日本が、他のすべての主権国家と同じように、かちとった政治的独立をまもるために、必要適切な自衛の措置をとる完全な権利をもっていることは、いうまでもない」と強調している。その上で、「将来、日本が、独立、民主、平和、中立の道をすすみ、さらに社会主義日本に前進する過程で、日本人民の意思にもとづいて、真に民主的な、独立国家日本にふさわしい憲法を制定するために前進してゆくことは、歴史の発展からいっても当然のことである。そして、そのとき日本人民は、必要な自衛措置をとる問題についても、国民の総意にもとづいて、新しい内外情勢に即した憲法上のあつかいをきめることとなるであろう」と述べている。

いうところの「自衛措置」について、同党は明確に「自衛軍」「軍隊」（73年3月29日付「赤旗」）と呼んでいる。つまり、日本共産党は、違憲の軍隊である自衛隊は解散させるが、将来は社会主義日本にふさわしい憲法を制定し、「かちとった政治的独立をまもるために」自衛軍を創設する方針なのである。

また、同党の不破哲三前議長は、党委員長時代に「憲法は『戦力』の保持を禁止しているが、異常な事態に対応する場合には、自衛のための軍事力を持つことも許される」（『新　日本共産党宣言』光文社　99年刊）と、「自衛のための軍事力」すなわち〝自衛軍〟を持つ方針を明言している。

■「正しい戦争がある」と憲法第9条に反対

そもそも、同党は現行憲法の制定時に、憲法9条を「一個の空文にすぎない」と名指しで大批判し、党を挙げて反対した唯一の政党である。当時の国会では、後に党議長となる野坂参三氏が「侵略された国が自国を護るための戦争は、我々は正しい戦争と言って差し支えないと思う。……戦争一般放棄という形でなしに、侵略戦争の放棄とするのが的確ではないか」（１９４６年6月28日）と述べ、「自衛戦争」を認めるべきだと主張。そして、憲法9条に対し「我が国の自衛権を放棄して民族の独立を危うくする危険がある」（同8月24日）と指摘し、「我が党は民族独立のためにこの憲法に反対しなければならない」（同）と力説していたのである。

同党の元政策委員長の筆坂秀世氏も「共産党の自衛隊・安全保障政策は、長らく『中立・自衛』政策が基本であった」（『日本共産党』新潮新書　２００６年刊）と指摘し、「日米安保条約を廃棄して……非同盟を貫く」「憲法違反の自衛隊は解散」「将来的には……憲法を改正して最小限の自衛措置をとる。すなわち軍隊を持つという考えだ」（同）と明快に解説している。

このように、同党の安保政策が一貫して「中立・自衛」路線であったことは疑う余地がないが、現在はどうなのか。仮に「中立・自衛」路線を転換しないまま、「憲法をまもる」「日米同盟は廃棄」「違憲の自衛隊は解散」などと主張しているのであれば、それは国民を欺《あざむ》く欺瞞《ぎまん》的態度と言わなければならない。

一方、前掲・筆坂氏の著作『日本共産党』の中では、同党が具体的な説明なしに安保政策の大転換を場当たり的に繰り返してきた経緯が描かれているが、これが事実であれば、公党としてあまりに無責任というほかない。重要政策の大転換について、同党があえて具体的説明をしないのは、その方が都合がよいからではないか。〝本音〟を隠して世間を欺くのは、同党の常套《じょうとう》手段であるが、姑息《こそく》という以外にない。いずれにしても、同党が長年、掲げていた「中立・自衛」路線を転換したのかどうか、明確に説明すべきであろう。

■かつては「非武装・中立」を全否定

日本共産党は、かつて旧社会党の「非武装・中立」路線を「きわめて非現実的で観念的な空論」「無責任な議論」（不破哲三・政治外交政策委員長＝当時、「前衛」1969年1月号）と真っ向から否定し批判していた。その批判・否定していた「非武装・中立」路線に、明確な説明もないまま、いつの間にかなし崩し的に転換したというならば、かつての主張との整合性が全く取れない。国民を著しく欺く手法である。

不破氏らは、旧社会党が国際情勢にかかわらず、将来にわたり非武装とする方針を掲げていた点について、こう強く疑問を呈していた。

「日本の自衛権の発動を縛ってしまう」「なぜわれわれの自らの手を縛る必要があるのか」（『〝社会党政権〟下の安全保障』毎日新聞社編 69年刊）」と。さらに「責任ある政権を担当する党としては、たとえ、万一の危険性、一パーセント、二パーセントの危険性であっても、それについての回答は持たざるを得ないだろう」（同）と指摘している。この不破氏の指摘は妥当なものだろう。

現在、日本共産党は、旧社会党と同様な非武装中立政策を唱えており、将来にわたってその政策をとるとして、では外国勢力による日本攻撃・侵略の〝万一の危険性〟〝一パーセント、二パーセントの危険性〟はないと言うのだろうか。同党がそうだと言うなら、その根拠を示すべきだ。そうでないなら、今日同党がとっている安保政策は、非現実的・観念的で無責任この上なく、それこそ前出の不破氏の指摘にも背反するのではないか。

また、不破氏は、こうも語っていたのである。「社会党の『非武装中立』政策の決定的な弱点は、それが、安保条約破棄後、中立日本の主権と安全を外国の侵略や圧迫からどうまもるかという安全保障の根本問題に、なんら責任ある回答をしめしえないところにある」（前掲「前衛」）と。不破氏が指摘していたこの「決定的な弱点」を現在の日本共産党はどう克服したというのか。不破氏も言うように、それこそ「安全保障の根本問題」であるのだから、その点も明確に示すべきだろう。

■共産党軍は「人殺し」にならない？

日本共産党が将来的に社会主義憲法を制定し、自衛軍を創設する方針を堅持していたことは前述した通りだが、2016年の参院選を通して、同党が「自衛隊＝人殺しの集団」のように考えている実態が明らかになった。

そうであるならば、同党が社会主義憲法下で創設するとしている自衛軍も「人殺しの集団」ということにならないのか。日本が急迫不正の事態に直面した場合には、社会主義憲法下の自衛軍も、自衛隊と同じように必要な「自衛の措置」をとるはずである。自衛隊が行えば「人殺し」で、社会主義憲法下の自衛軍なら、そうはならないという理屈は成り立たないと思うが、その点はどうなのか。

同党が創設する方針の自衛軍とは、１９６８年発表の安保政策に「かちとった政治的独立をまもるため」（前掲「赤旗」）とあった通り、共産党政権を擁護するための「私兵」的な要素が強い事実上の「共産党軍」というイメージを拭《ぬぐ》いきれない。

現に日本共産党では、「反共主義は共産党の敵であるだけではなく、人民の敵」（日本共産党中央委員会出版局発行『共産主義読本』）との思考をもっている。それ故、同党に異を唱えたり反対したりする勢力を、それこそ一方的に「反共主義＝共産党の敵＝人民の敵」と専断的に決め付けかねず、従って将来の社会主義憲法下で創設を予定している「自衛軍」「軍隊」が人民抑圧・弾圧機関となりかねない恐れは十分にあると考えられるからである。

それにしても、自衛隊はＮＧだが、共産党軍ならＯＫとするかのごとき主張は、日本共産党お得意の〝二面性〟〝二面的態度〟そのものであろう。

同党はかつて、イデオロギーのドグマ（教義）を振りかざし、「資本主義国の核兵器は侵略的で、社会主義国の核兵器は防御的」との立場に立ち、ソ連や中国の核実験を「断固支持する」「正しい」などと評価した。〝アメリカの核は「汚い核」、社会主義国のソ連や中国の核は「きれいな核」〟と言わんばかりの理解しがたい迷論を堂々と主張していた。立場が違えば白も黒となり、全く正反対の評価になるのが日本共産党なのである。

これまで述べてきた通り、安保政策をめぐる同党の主張は、矛盾と欺瞞に満ちている。目的のためには手段を選ばず、ウソやデマ、ごまかしやデッチあげ、事実隠蔽《いんぺい》など、平気でやってのける同党の本質を知るならば、彼らの主張を真に受けるわけにはいかない。

「人殺し」発言で扇動《せんどう》体質を露呈

——共産政策委員長、国民の批判浴び辞任

2016年6月26日のNHK番組で、防衛費を「人を殺すための予算」と発言し、国民の強い批判を浴びた日本共産党の藤野保史氏が党政策委員長を辞任した。言語道断の発言だったのは言うまでもないが、7月10日投票の参院選で共闘する民進党からも問題視する声が上がったことも踏まえ、共産党として「参院選への影響を最小限にとどめるため、事実上の更迭《こうてつ》で早期の幕引きを図った」(6月29日付「毎日」)ようだ。

藤野氏は番組後にコメントを発表し発言を撤回したが、謝罪の言葉は見られなかった。6月28日夜の記者会見で、ようやく自衛隊などに謝罪し、「党の方針と異なる誤った発言」として引責辞任の意向を述べた。だが、藤野氏の26日の「撤回コメント」では「テレビでは限定を付けずに述べた」と取り消し理由を示し、翌27日に志位和夫委員長が口頭注意して「解決した」と記者団に語っていた。

つまり、何らかの限定さえ付けていれば「人を殺す予算」との発言は問題がなかったというのが同党の本音ではなかったのか。高まる批判に、やむを得ず更迭したとの印象は拭《ぬぐ》えない。

一連の騒動で浮き彫りになったのは、国民の生命と安全を守るための安全保障をめぐる現実的な議論を「常軌を逸した扇動的発言」(6月28日付「産経」主張)で妨げ、国民を惑わそうと

する共産党の体質だ。

平和安全法制に「戦争法」と不当なレッテルを貼り、日本が「殺し、殺される国」になるとの悪宣伝を繰り返す。今回の暴言も、同党の本質があらわになったものといえる。現にその後、同党の地方組織などで、自衛隊に対する藤野氏の認識と同様な言動が相次いでいることが発覚し、自衛隊憎悪の念が全党的なものであることを見せつけている。

民進党の岡田克也代表は6月29日に「野党共闘に影響があるとは考えていない」と共産党との共闘路線を継続する考えを示したが、政策委員長が防衛費を「人を殺す予算」などと公然と言い放つ政党との共闘には当然、同党内から疑問の声が強まっていくに違いない。

（「公明新聞」16・6・30）

〝自衛隊憎し〟が共産党の本音

――奈良、埼玉、東京でも　同様の悪意のレッテル貼り

２０１６年６月26日朝のＮＨＫ番組で防衛費を「人を殺すための予算」と決め付けたことで、日本共産党政策委員長の座を追われた藤野保史衆院議員。問題発言の後、他の出席者から何度もたしなめられたが、藤野氏は「何が問題なの？」という態度に終始していた。番組終了後、夕方にようやくツイッターで、発言が「不適切」だったと取り消したものの、討論での藤野氏の振舞いを見る限り、〝人殺し予算〟という発言は紛《まぎ》れもない氏の本音であり、共産党内ではごく普

通の認識だったと感じずにはいられない。

事実、〝人殺し予算〟発言と同様の言動は、各地の共産党関係者から相次いでいる。例えば、共産党奈良県会議員団などは15年10月、自衛隊駐屯地の誘致に反対する講演会の案内チラシ**【別掲】**に「陸上自衛隊は『人殺し』の訓練」と記していた。これは、藤野氏の発言に類するものとして、「産経」が16年7月20日付1面カタで大々的に報道。同日付夕刊や翌21日付の「朝日」「毎日」「読売」の各紙も相次いで報じた。

また、15年12月18日の埼玉県上尾市議会本会議で共産党の平田通子市議が、自衛官を養成する陸上自衛隊「高等工科学校」を「人を殺す練習をする学校である」と決め付け、市の広報誌への生徒募集記事の掲載を中止するよう求めた（指摘を受けて1週間後に発言を撤回して謝罪）。
16年3月17日の東京都西東京市議会予算特別委員会では、共産党の保谷清子市議が自衛隊員について「戦場に行って、人を殺し殺されるという役割を担っている人たちだ」と言い放った。その後に質問に立った公明議員から「事実をねじ曲げた意図的な発言」などと指摘されても、発言を撤回せずに開き直り。同30日の本会議でも別の共産議員が保谷市議の発言を擁護した。
いずれの言動も、災害救援など自衛隊の果たす役割も直視せず、〝反自衛隊〟〝自衛隊憎し〟の立場から一方的に悪意のレッテルを貼り、自衛隊に対する妨害活動を行っているものだ。仮に、発言を撤回しようとも、共産党が喧伝《けんでん》する自衛隊像が国民の共通理解からかけ離れた異様な代物であることは、紛れもない事実だ。

V.「戦争法」のウソ

Q&A 平和安全法制

日本共産党は、2016年3月に施行となった平和安全法制に対し、相変わらず〝戦争法〟などと一方的な批判を繰り返している。公明党は法制の整備に当たり、海外での武力行使を禁じた憲法9条の解釈を堅持するよう一貫して主張。その結果、他国防衛それ自体を目的とすることを認めず、わが国自身の専守防衛を堅持するための厳格な歯止めが掛けられた。ここではまず、平和安全法制の必要性や概要、憲法9条との関係などをQ&A形式で紹介する。

Q なぜ必要か

A 厳しさを増す安全保障環境の中で国民の生命・権利を守る

米国がもつ影響力の相対的な低下によって世界のパワーバランスが大きく変化し、同時に、日本を取り巻く安全保障環境も厳しさを増しています。さらに、非人道的な国際テロも相次いでいます。

例えば、軍事的な挑発を繰り返す北朝鮮は、2016年1月に4度目となる核実験を強行しました。

弾道ミサイル技術も飛躍的に向上させ、日本を射程に収める「ノドン」ミサイルをすでに数百発も配備しています。さらに、射程1万キロメートルに及ぶ弾道ミサイルの発射実験を成功させ、目標に正確に着弾させる技術も進歩しています。核弾頭を搭載した弾道ミサイルの出現も現実味を帯びつつあります。

中国の軍備増強と南シナ海や東シナ海での海洋進出も目立っています。

中東では地域紛争が収まらず、シリアなど紛争で疲弊した国家が国際テロの温床となっています。

こうした状況はここ15年余りで特に顕著になっています。この中で、日本国民の生命・自由・人権・財産を守るためには、まず、どのような外部からの攻撃に対しても適切に対処できるだけの防衛体制を整えなければなりません。同時に、国際の平和と安定があってこそ日本の安全も成り立つため、国連をはじめとする国際社会が取り組む国際平和のための活動に対しても、武力行使以外の分野で支援することも必要です。

このように「日本の安全」を守り、「国際社会の安全」に貢献するために平和安全法制は必要です。

Q 何をするのか

A 抑止力を高め、国際平和にも貢献。「戦争法」との批判は誤り

隙間なく「日本の安全」を守り、「国際社会の安全」にも貢献することが平和安全法制の目的です。「日本の安全」については、これまでの武力攻撃事態に加え、新たに存立危機事態を定めました。

武力攻撃事態は日本に対する武力攻撃が発生した場合であり、自衛隊はそれを排除するための武力行使が許されます。

存立危機事態は、日本と密接な関係にある他国に対する武力攻撃が発生し、それによって日本の存立が脅かされ、日本が武力攻撃を受けたと同様な深刻、重大な被害が国民に及ぶことが明らかな場合です。

その際は、例えば、日本の防衛のために警戒監視中の米艦が攻撃を受けた場合にも自衛隊が守ることを認めました。あくまで日本の防衛を万全にして抑止力を高めることが目的です。

「国際社会の安全」については、新たに国際平和支援法が制定されました。例えば、国連決議に基づいて加盟国の軍隊が国際平和のために行動している場合、自衛隊に協力支援活動（後方支援）を認めました。後方支援とは物品・役務

の提供や補給、輸送、医療の分野で協力することです。

自衛隊は憲法9条で海外での武力行使が禁じられています。そのため、自衛隊の後方支援が外国軍の武力行使と一体化しないよう「現に戦闘行為が行われている現場」では実施できないことになっています。

自衛隊に後方支援を認める国会承認は、公明党の提案で、例外なき事前承認とされました。

こうした平和安全法制に対し、「海外で武力行使をする戦争法」などという批判は全くの誤りです。

Q 憲法第9条との関係は

A 専守防衛は不変。もっぱら他国防衛のための集団的自衛権の行使は禁止

憲法の平和主義を定めた9条は、「戦争の放棄」「戦力の不保持」「交戦権の否認」を掲げているため、一切の武力行使を禁じているかのようにみえます。

しかし、外国の武力攻撃によって、日本の存立が脅かされ、国民の生命、自由および幸福追求の権利が根底から覆されるという急迫不正の事態にどう対処すべきでしょうか。政府には、平和的生存権を定めた憲法前文と、人権を国政の上で最大に尊重するよう求めた13条によって国民を守る責任があります。

政府は「自国の平和と安全を維持しその存立を全うするために必要な自衛の措置をとることを（9条が）禁じているとはとうてい解されない」とした上で、「（自衛の措置は）国民のこれらの権利を守るためのやむを得ない措置としてはじめて容認されるものであるから、その措置は、右の事態を排除するためとられるべき必要最小限度の範囲にとどまるべき」との解釈を示しています。これが政府の憲法9条解釈の基本的論理で、1972年（昭和47年）の政府見解に示されています。

そのため、9条の下で許容されるのは専守防衛のための武力行使に限定され、それを超える、もっぱら他国を防衛するための武力行使、いわゆるフルサイズの集団的自衛権の行使は許されません。

平和安全法制は、他国への武力攻撃であっても、日本が武力攻撃を受けたと同様の被害が及ぶことが明らかな場合を存立危機事態と定め、自衛の措置を認めました。これは専守防衛の範囲内であり、「憲法違反の集団的自衛権の行使を認めた」との批判は的外れです。

平和安全法制のポイント

左上の表は平和安全法制の概要です。国際平和支援法が新法で、それ以外は法改正です。「日本の安全」に関わる最も厳しい事態は武力攻撃事態と存立危機事態であり、自衛隊が武力行使で対処します。

「国際社会の安全」が最も深刻な事態に陥っても、もっぱら他国を防衛するための集団的自衛権の行使は許されないため、自衛隊は武力行使ではなく、外国軍への後方支援（補給、輸送、医療など）を実施します。

平和安全法制の全体像

（事態の深刻度：低い ⟷ 高い）

	低い ← 事態の深刻度		→ 高い
日本の安全	**自衛隊法改正** 自衛隊と連携してわが国の防衛に資する活動に現に従事している米軍等の部隊の武器等防護	**重要影響事態法（周辺事態法改正）** そのまま放置すれば、わが国に対する直接の武力攻撃に至るおそれのある事態など、日本の平和と安全に重要な影響を与える事態に際し、米軍等への後方支援活動を実施	**武力攻撃事態法等改正** 武力攻撃事態等に加え、存立危機事態への対処について規定（自衛権発動の新3要件を法制化）
国際社会の安全	**PKO法改正** 警護などの業務の拡大。PKO5原則と同じ厳格な条件の下で、非国連統括型の活動への参加	**国際平和支援法** 国際社会の平和と安全のために活動を行う外国軍隊への協力支援活動を実施	✕ 他国防衛のための集団的自衛権の行使は認められない

世論調査で賛否が逆転、「必要」が大きく上回る

平和安全法制関連法の施行日（2016年3月29日）を前に、産経新聞とFNN（フジニュースネット）が行った合同世論調査では、平和安全法制を「必要」と答える人が57・4％に上り、「必要だと思わない」の35・1％を大きく上回った。15年9月の関連法成立直後の調査では、「成立を評価しない」が56・7％に上り、「評価する」は38・3％にとどまっていたが、賛否の数字が逆転した結果となった（16年3月22日付「産経」）。また、共同通信が同年2月に行った世論調査では、野党5党が同関連法の廃止法案を国会に提出したことに対し、「廃止するべきでない」との回答が47・0％に上り、「廃止するべきだ」は38・1％にとどまった（16年2月21日配信）。

現実無視の「戦争法」批判に終始

——法整備と公明の対話外交に高い評価

民進、共産など野党4党は、2016年3月に施行された平和安全法制に対して、相変わらず〝戦争法〟との批判を繰り返している。「立憲主義を破壊」「海外で戦争する」とデマを飛ばし、廃止しろと叫ぶだけ。日本の国をどう守るかの「具体策を語らない点で、現実性を欠いている」（6月28日付「産経」主張）のは明らかだ。

そもそも同法制は、北朝鮮が核・ミサイル開発を強行するなど、日本を取り巻く安全保障環境が厳しさを増す中、日本の安全を隙間なく守るものだ。当然だが、他国防衛が目的の集団的自衛権の行使は一切認めていない。歯止め役となって、「憲法の（専守防衛の）理念を堅持したのが公明党」（渡部恒雄・東京財団上席研究員）だった。

平和安全法制を支持、理解する国は、世界約60カ国に上るとされる。この事実こそ、同法制が戦争法などではなく「戦争防止法」であることを雄弁に物語る。

加えて公明党は、東アジアの安定へ対話外交も積極的に推進している。民主党政権時代に冷え込んだ日中、日韓関係の改善に向け山口那津男代表らが15年10月、中国・韓国を訪問。直後に3年半ぶりの日中韓首脳会談が実現した。

今回の参院選で、戦争防止へ「不断の外交努力と平和安全法制の両輪」を重視する公明党に対し、「妥当な主張」（6月30日付「読売」社説）、「防衛力の裏打ちがあってこそ、紛争を回避する外交を効果的に進められよう」（同）との評価が寄せられている。

翻って野党4党は、どうか。自衛隊の任務強化などを掲げる民進党と、自衛隊を違憲として解散するとする共産党とでは根本的に安保政策が異なる。その違いを棚上げし、〝戦争法〟廃止の一点で結び付く。そのような理念なき野合を是とする野党には、安全保障を語る資格はない。

（「公明新聞」16・7・6）

不安あおり論議避ける日本共産党

——志位氏　北朝鮮に「リアルな危険ない」

一部の野党が平和安全法制に対し、「戦争法」「徴兵制に道」と国民の不安をあおるレッテル貼りに狂奔するのは、まともな政策論議を避ける常套《じょうとう》手段です。例えば日本共産党は機関紙「赤旗」で、平和安全法制で日本が〝集団的自衛権を行使〟し、「侵略国の仲間入り」「海外での武力行使に歯止めはなくなる」と指摘していますが、まったくの見当外れです。

平和安全法制の柱の一つは、自国防衛の隙間を埋める点にあります。例えば、日本を守るために活動している外国軍隊が攻撃された際、自衛隊がその軍隊を守ることを厳しい要件の下で

平和安全法制を支持する国際社会の声
EU「成立に祝意。国際社会への日本の一層の貢献を期待」
英国「世界の平和、安定及び繁栄を確保する」
ドイツ「国際社会で責任を負うため、日本がまた一歩前進」
オランダ「歓迎し、支持」
…
米国
「成立に祝意。日本の防衛能力を高める」
ASEAN「日本の取り組みを歓迎」
フィリピン「世界平和と安定へ更なる日本の貢献を期待」
インドネシア「地域の平和と安定に貢献する非常に良いものと確信」
…
オーストラリア
「世界の平和と安定、繁栄に一層積極的な貢献を可能に」

認めました。これは専守防衛の範囲内であり、憲法9条の政府解釈は何ら変えていません。

また、共産党は、「平和の特使」と称され、ノーベル平和賞を受賞した国連平和維持活動（ＰＫＯ）への自衛隊の参加を可能にしたＰＫＯ協力法（１９９２年成立）審議の際も「海外派兵法だ」と反対デモを繰り広げました。今日では国際社会から高く評価され国民の9割以上が支持している自衛隊の国際貢献のどこが「海外派兵」なのか、弁明を聞きたいものです。

仮に平和安全法制が「戦争法」であれば、国際社会からこれほど多くの賛同は寄せられません【図参照】。それでも共産党は「殺し殺される戦争法」と言い張るのでしょうか。一方、国際社会からの警告や批判を一切無視して、核やミサイル開発を進める北朝鮮に「リアルな危険はない」（志位和夫委員長）とする発言こそ、現実を直視しない無責任な妄言。世界から失笑を買うでしょう。

〝戦争反対〟は当然です。誰も争いは望みません。平和安全法制は、備えを万全にして安易に軍事力に頼らず、対話による解決の流れを促すものです。

公明党は日中・日韓をはじめ、大きな対話の流れをつくり出してきました。国民や近隣諸国の不安をあおるだけでは、平和は訪れません。

（「公明新聞」16・2・17）

北朝鮮問題でも「反米」浮き彫り
――日米共同訓練を危険視する共産党

北朝鮮をめぐり緊迫した情勢が続いている。政府は、核・ミサイル開発に関連した北朝鮮の新たな挑発行為に備え、米軍空母と自衛隊の共同訓練を行うなど「引き続き米国と緊密に連携し、高度な警戒監視体制を維持し、毅然として対応」（安倍晋三首相）しているところだ。

これに対し、日本共産党は、「共同訓練は北朝鮮への威嚇」「共同訓練は違憲」（2017年4月25日付「赤旗」）などと主張。そもそもの脅威である北朝鮮よりも、米軍や、米軍と協力する日本政府の方が危険な対応を取っているかのような言いぶりである。

こうした態度からは、共産党が持つ本質が浮かび上がる。それは、「アメリカ帝国主義は、世界の平和と安全、諸国民の主権と独立にとって最大の脅威」(綱領)とする徹底した反米主義だ。実は、米国を最大の脅威とする点では、北朝鮮も同様である。

反米ゆえに共産党は、戦後日本の防衛政策の根幹となってきた日米安全保障体制を、真っ向から否定し、その廃棄を大目標としてきた。だから、北朝鮮の脅威などを念頭に、日米同盟の信頼性・実効性を強化し、抑止力を高めるための「平和安全法制」など、到底容認できるはずもなかったのである。

平和安全法制について、共産党は「戦争法」と決め付けて〝殺し殺される国になる〟と喧伝した。そうしたキャンペーンの中、同党の志位和夫委員長は15年11月のテレビ番組で、北朝鮮の問題に「リアルの危険があるのではない」と言い放った。

この発言からわずか1年半足らずで、北朝鮮は核実験を2回、ミサイルを30発も発射しており、「リアルな危険」は誰の目にも明らかだ。志位氏は、平和安全法制の不要論を強調するあまりからか、北朝鮮の脅威を看過したと批判されても仕方ない。

17年4月23日の党本部での会合で志位氏は、平和安全法制の廃止が野党共闘の「一丁目一番地」と強調したが、それで本当に日本を取り巻く現在の厳しい安全保障環境に対応できるのだろうか。民進党などは、「反米」「反安保」が骨髄にまで染み付いた共産党の主張に引っ張られることなく、冷静、賢明に対応していくことが求められる。

(「公明新聞」17・4・27)

「死にたくないなら書け」と脅迫

――「戦争法」署名　共産の独善的な体質あらわに

「死にたくないなら名前を書け」――。日本共産党が展開していた「戦争法反対」署名。あろうことか小学生に対し、共産党議員や運動員が脅しともとれる〝やり口〟で強要していた事例が、全国各地で明らかになっている。

東京都足立区では2015年6月、日本共産党の腕章を付け、路上で署名活動をしていた運動員たちが帰宅途中の小学1、2年生の児童らに「死んでもいいなら名前を書かなくてもいいよ、死にたくないなら名前を書きなさい」などと話し掛け、署名を要求していた。この件は同区議会で無所属議員が指摘、白日の下となった。帰宅後、「住所が書けないと、爆弾で死んでしまう」と恐怖のあまり泣いていた児童もおり、保護者から相談を受けた学校側は教員を現場に向かわせ、直ちにやめるよう抗議。保護者が共産党区議団に抗議の電話をしたところ、同党の地元区議は非を認めて保護者に謝罪したという。

産経新聞（16年6月10日付）の報道によると、福岡県水巻町でも同月、共産党女性町議が小学校付近で帰宅途中の児童に署名を強要した。5、6年生の女子児童が応じ、町議は複数の児童から住所や氏名を記載した署名を取得していた。個人情報の流出を懸念した保護者から小学校に連絡があり、事態が明るみになった。町議は保護者に謝罪したという。同町教育委員会は「内容などをしっかり判断できない児童に署名させたことは教育的配慮に欠ける」とコメントし、町議の行動を厳しく批判している。

東京都世田谷区でも16年4月、女性が小学校低学年の男子児童の下校途中に、「戦争は嫌だよね」などと話し掛け、用紙への記入を求めていた事例があったという。保護者がいつもと違う子どもの様子に気付き、発覚した。児童が保護者に報告しないケースも少なくないと考えられるだけに、異常な署名活動が「表面化したケース」は〝氷山の一角〟（前掲「産経」）といえそうだ。

千葉県松戸市の小学校では16年4月、共産系団体の要請で「戦争法廃止」への署名を求めるチラシが児童に配布されるという事態が発生。読売・産経などが一斉に報じた。

問題は小学校だけにとどまらない。15年9月には、埼玉県の市立中学校のホームルームで男性教諭が、平和安全法制の反対デモを取り上げた日本共産党の機関紙「赤旗」のコピーを教室で配布し、県議会で大きく取り上げられた。朝日新聞や読売新聞によると、16年4月には、北海道苫小牧市の道立高校教諭が校門前で生徒に平和安全法制に反対するビラを配り、署名活動を強行した。教育の政治的中立性を脅かす重大な事態であり、断じて看過できない。

16年3月には千葉県成田市にある県立高校の元教諭が、学校から無断で持ち出した生徒の名簿データを使い、「戦争法の廃止」への署名を求める手紙を卒業生約300人に郵送していた。毎日新聞や地元紙の千葉日報が大きく報じている。

「親が死ぬ」「死にたくないなら書け」と子どもたちに底知れぬ恐怖を植え付けながら、反戦や平和を訴えるという非常識と自己矛盾。次々と明るみになる異常な行動を通し、日本共産党の「自らの主張のためなら何をしても問題ない」という独善的な体質があらわになったといえよう。

Ⅵ．日本共産党のウソを暴く

〈『日本共産党のウソを暴く』（２０１６年１月発行）から抜粋して転載、一部加筆〉

一党独裁の共産主義国家めざす

Q 日本共産党はどんな党？

A **米国と大企業を敵視し、共産主義の独裁国家をめざす革命政党**

最近、日本共産党は〝共産アレルギー〟を払拭《ふっしょく》しようと「個人の自由や尊厳、多様性を守る」とアピールしていますが、**彼らは社会主義・共産主義の独裁国家をめざす日本唯一《ゆいいつ》の革命政党**であり、真っ赤な大ウソ。また、自分たちの正体を隠すかのように、「独裁のにおいがプンプンする」と政権を批判していますが、現行の日本国憲法のもとでの議会制民主主義では独裁などありえず、荒唐無稽《こうとうむけい》な戯言《たわごと》です。

日本共産党の基本方針である「綱領《こうりょう》」には、今の日本は「異常な対米従属《じゅうぞく》と大企業・財界の横暴《おうぼう》」に支配された国であると明記され、その体制を転覆《てんぷく》するために、マルクス・レーニン主義〈注〉（同党では科学的社会主義と呼称）を指針として「社会主義・共産主義の社会」をめざす方針が掲《かか》げられています。

マルクス・レーニン主義を基軸とする社会主義国家は、かつて十数カ国ありましたが、1989年から始まった旧ソ連・東ドイツなど社会主義国の崩壊で、このイデオロギーの破たんはハッキリしています。

社会主義・共産主義の国になると、共産党の独裁のもとに、あらゆる個人の自由や尊厳が縛《しば》られます。今日の世界のスタンダードである自由な経済社会とは対照的に、工業・農業・商業などあらゆる産業や企業が国の管理下に置かれ、個人で所有することが原則、禁じられてしまいます。

統治のあり方も、共産党が一切の勢力の上位に立ちます。従って、**共産党に歯向かうものは即、弾圧の対象になります**。こうした実態は旧ソ連や北朝鮮などの例で、すでに〝実証済み〟です。

この原理を党内でも実行しているのが日本共産党です。「民主集中制」と呼ばれる徹底した〝上意下達《じょういかたつ》〟の組織原則に基づき、党内での異論や反対論を許さず、その鉄の規律に触れるならば、「査問《さもん》」と称して拷問《ごうもん》やリンチといった凄惨《せいさん》な事件を数多く起こしてきました。**過去には党幹部がリンチで党員を死亡させたこともあります。最近のソフトなイメージにだまされてはいけません。**

〈注〉**マルクス・レーニン主義**　「マルクス・レーニン主義というのは、暴力革命の理論である。それは階級闘争を徹底的に突き詰めていって、最後には暴力で権力を取ること、そして一旦《いったん》権力を奪取したら、暴力を無制限に行使して、革命の敵を粉砕すること、肉体的にも抹殺すること（プロレタリアートの独裁）である」（兵本達吉著『日本共産党の戦後秘史』）

「独善主義」「自分勝手」が本質

大衆を見下す理念なき政党に存在意義なし

政治評論家　森田　実氏

私は東京大学進学後、日本共産党に入党し、7年間在籍した経験から日本共産党の本質を熟知し、その誤りをこの身で体験しました。

1951年当時、日本共産党は時代錯誤《さくご》の武力闘争方針を決定し、中には武力訓練に加わる学生もいました。しかし党内の実態は、内部に批判者が出ると大げさに騒ぎ、その処分が最大眼目となるため、常に分派抗争に明け暮れていました。党中央への批判は一切許されません。中央集権的な権力構造が確立され、仲間を「スパイ」として告発することを奨励《しょうれい》し、仲間を軟《なん》禁《きん》し、リンチを加えるようなことを日常的に繰り返していたのです。党の自立性のなさや自己改革できない体質、組織内に充満する陰険さも痛感しました。

ところが55年に日本共産党は、武力闘争の方針を自己批判します。この大転換に東大内の組織では「青春を返せ！」と皆が激怒。私は連日、党幹部への面会を迫りましたが、最高幹部は無責任に逃げ回るだけでした。その後、党との対立が激化し、58年に私は党を正式に除名されました。しかし、党とすっきりと決別したかった私は、除名をこの上ない「名誉」と受け止めました。

現在、日本共産党が掲《かか》げてきたマルクス・レーニン主義は影響力を失い、完全に時代遅れになってしまいました。すでに、日本共産党の存在意義はありません。今は、ただ組織の維持を目的に、国民の不満を悪用して批判票を横取りし、反対に次ぐ反対を唱え、他者を批判しているだけにすぎません。

日本共産党に対して強く感じることは、過剰《かじょう》な指導者意識だけが強く、謙虚さがありません。大衆政党を名乗りながら大衆を顧《かえり》みず、上から目線で見下しています。東洋思想を軽視し、宗教に強い偏見を持っています。多くの政治家を見てきましたが、最も目線が高いのが日本共産党の議員だと思います。

日本共産党と決別して60年近くたちますが、独善・自分勝手・反宗教の本質は決して変わっていないと思います。大衆を見下し、理想・理念なき政党は消えるべきです。

「護憲」は党勢拡大のためのまやかし

Q 「憲法を守る」と訴えているが？

A 単なる選挙目当てのパフォーマンス。現憲法に唯一反対した政党であり、本音は〝社会主義憲法〟の実現

日本共産党は「憲法9条をまもる」などと訴え、「護憲政党」のようなフリをしていますが、現行憲法の制定時に「9条」を名指しして「一個の空文にすぎない」と大批判し、「民族独立のためにこの憲法に反対しなければならない」と訴えて、現憲法に唯一《ゆいいつ》反対した政党こそ日本共産党です。それは紛《まぎ》れもない事実です。

「護憲」を叫ぶのは、選挙目当てで党勢拡大に利用しようとするまやかしにすぎません。同党はずっと改憲を掲《かか》げてきましたが、最近になって表向き「現行憲法の前文をふくむ全条項をまもる」と決めました（2004年）。しかし、**同党の綱領《こうりょう》には「資本主義を乗り越え、社会主義・共産主義の社会への前進をはかる」と、現行憲**

法を破棄《はき》しなければ実現できない大方針が厳然と書かれています。

こうした方針を堅持する日本共産党にとって、最大の敵は、資本主義の大国・米国であり、より直接的には日米同盟です。同党は米国を「世界における侵略と反動の主柱」「最大の国際的搾取者」「世界各国人民の共通の敵」「帝国主義」「国際的憲兵」呼ばわりしてきました。

だからこそ同党は、当面は心にもない〝護憲〟をあえて力説しながら、**彼らがめざす民主連合政府の下で、日米安全保障条約（日米同盟）の廃棄を断行するとし、その後に彼らが「憲法違反」とする自衛隊を「憲法の平和的条項（＝9条）の完全実施」名目で解散しようと目論《もくろ》んでいるのです。**

この過程を通じて、日本は無防備な「軍事的空白状態」に置かれます。これは、同党がめざす革命の邪魔者・障害物をあらかじめ排除するためです。その上で、全国家権力（政府、国会、裁判所、軍隊、検察、警察、監獄、国税庁、税務署、メディアなど）を握り、現憲法を廃止し、**新たな社会主義憲法のもとで共産党政権を守るための〝私兵〟的な要素が強い「自衛軍」を創設。**現行の国家機構や国会制度、裁判制度など国のあり方を根本から変えて、**わが国を「人民共和国」「民主共和国」につくり変えていく。**それが、同党の一貫した革命路線です。

日本共産党が言う「護憲」は、党勢拡大、選挙、そして革命を推進するための道具にすぎず、その内実は普通の政党とまるで異なるのです。

「開会式」出席も選挙目当て

日本共産党はこれまで、国会の開会式に天皇が臨席するのは憲法違反だとして、開会式を欠席し続けてきました。しかし、2016年は参院選をにらみ、普通の政党を装おうと、通常国会の開会式に党として初めて出席。これが裏目に出て、天皇制を否定し、これまで開会式出席を拒んできた同党の異質さが、かえって際立ちました。

憲法9条は「空文」と大反対

「憲法守る」「平和の党」の偽りを掲げ、一党独裁狙う

明治学院大学法学部教授　川上　和久氏

日本共産党は選挙のたびに「憲法9条を守ってきた唯一《ゆいいつ》の政党」などと宣伝していますが、憲法の制定当時、彼らがどんな主張をしていたかご存じでしょうか。後に共産党の議長になる野坂参三氏は、こう言っていました。

「（憲法9条は）一個の空文にすぎない」「当憲法第二章（9条）は、我が国の自衛権を放棄して民族の独立を危うくする危険がある。それ故に我が党は民族独立のためにこの憲法に反対しなければならない」（昭和21年8月24日、衆院本会議）

共産党は「憲法9条を守ってきた唯一の政党」であるどころか、「憲法9条を変えろ」と真っ向から反対していた改憲政党なのです。

私が大学生だった1970年代までは、共産党による学生運動が盛んでした。共産党がリンチや査問《さもん》（時には殺人までも）を繰り広げ、暴力革命を肯定してきた政党だということは、当時の学生は皮膚感覚で知っていました。「民主連合政府」を樹立し、プロレタリアート（労働者

階級）による一党独裁を実現するのが、共産党の狙いです。「社会保障を充実させる」といった耳当たりのいいことを言っていますが、共産党はプロレタリアート独裁の旗をまだ降ろしていないのです。

暴力政党という本質を隠し、「非正規雇用の人は大変でしょう。私たちは低所得者や社会的弱者の味方です」などと言って、あたかも人々が苦しむ問題を解決してくれるかのように見せるのが共産党の戦略です。

「民主連合政府」を通じて一党独裁をめざすためには、「護憲の党」や「平和の党」という偽《いつわ》りの看板を掲《かか》げても構わないと本気で考えているのでしょう。

「共産主義のためならば何でも許される」「目的のためには手段を選ばない」。これが共産党の正体です。

共産党は「大衆政党」のように振る舞いながら、実際はごく一部の勢力が大衆を独裁的に管理する「前衛《ぜんえい》政党」です。こうした実態を把握しないまま、「政権に一泡《ひとあわ》吹かせてやろう」と安易に応援するのはお勧《すす》めできません。

（現・麗澤大学教授）

〃革命政党〃の本質をカムフラージュ

Q 「国民連合政府」の本当の目的は？

A 野党結集を装った、革命戦略の第一歩

日本共産党は、平和安全法制の廃止をめざす「国民連合政府」の樹立を躍起《やっき》になって呼び掛けています。表向きは野党を結集した新しい連立政権をつくる動きのように見えますが、その狙**いは、ズバリ「選挙目当て」「選挙対策」**です。そして、かねてから革命の第一段階としてめざしてきた「民主連合政府」実現への環境づくりにほかなりません。他の野党を巻き込むことによって、日本共産党に対する国民の警戒心を緩《ゆる》めようという党利党略も透《す》けて見えます。

日本共産党の革命戦略は、「二段階革命論」と呼ばれています。それは彼らの言う「民主主義革命」から「社会主義革命」へ進める戦略です。まず、**日本共産党が政権に参画する民主連合政**

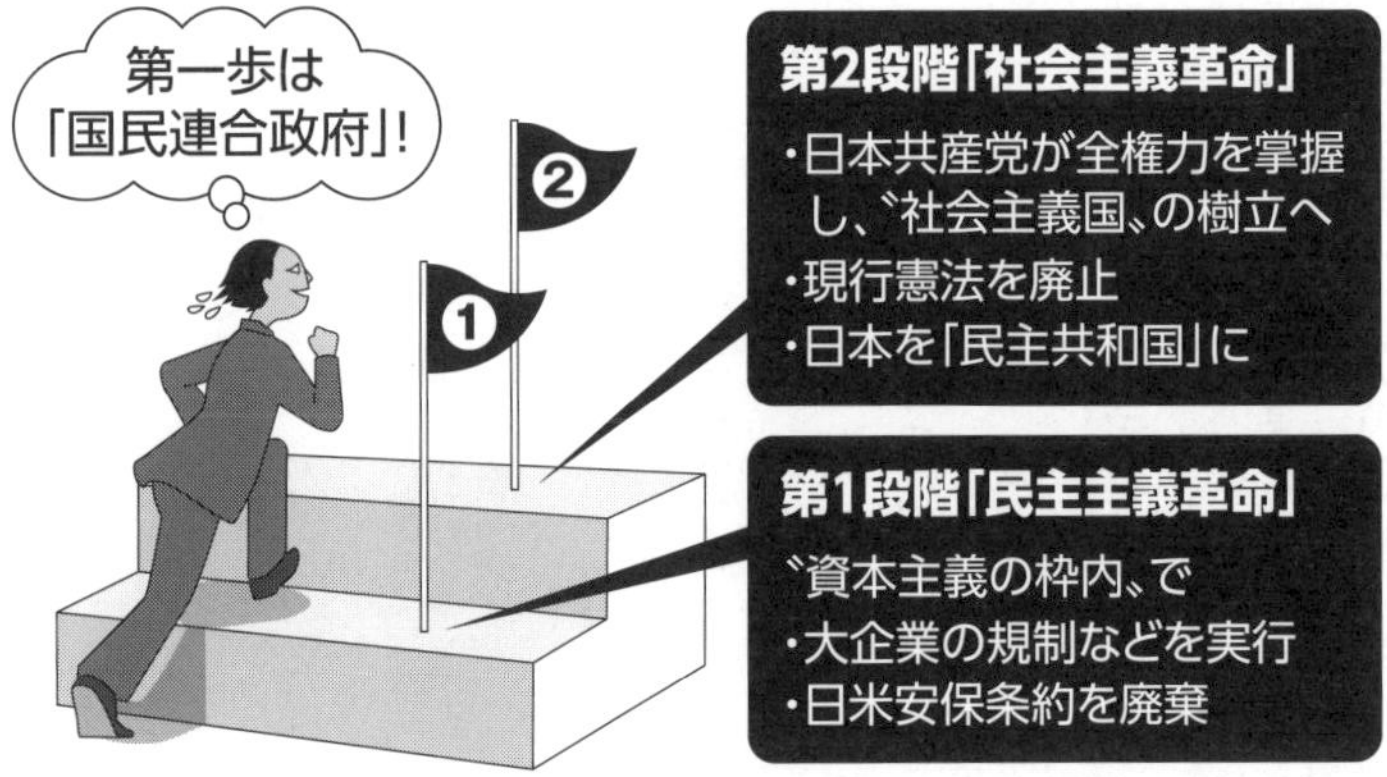
第一歩は
「国民連合政府」!
第2段階「社会主義革命」
・日本共産党が全権力を掌握し、〝社会主義国〟の樹立へ
・現行憲法を廃止
・日本を「民主共和国」に
第1段階「民主主義革命」
〝資本主義の枠内〟で
・大企業の規制などを実行
・日米安保条約を廃棄

府を樹立し、資本主義の枠内《わくない》で、革命をやりやすくする条件づくりのための「民主主義革命」に手を付ける。今回の国民連合政府構想は、その革命戦略の第一歩と言えます。そして次の段階で、本格的な社会主義革命へと発展させます。

彼らがめざす「革命」とは、単なる政権交代ではありません。政府、国会、裁判所、軍隊、検察、警察、監獄、国税庁、税務署、メディアなどの全ての権力を掌握し、国家機構や国会制度、裁判所などを根本的に改変した「人民共和国」「民主共和国」を樹立するという、世の中を180度ひっくり返すものです。

「共産党はシロアリ」　民主・前原氏

民主党の前原誠司元代表は2015年11月14日のテレビ番組で、日本共産党による国民連合政府への参加呼び掛けに関し、「共産党の本質はよく分かっているつもりで、シロアリみたいなものだ。ここと協力したら土台が崩れてくる」と発言。同党との連携に否定的な見解を示しました。

「政権欲しさ」で政策そっちのけ

Q 「国民連合政府」が実現したら、日本はどうなる？

A それこそ〝日本沈没への片道切符〟。重要政策が二転三転し、経済・外交に壊滅的打撃

日本共産党はことあるごとに「野党連合政権」、そして「国民連合政府」の実現を訴えています。しかし、こんな**選挙目当ての野合政府が実現すれば、経済の回復や超少子高齢社会への対応など数多くの重要課題を抱えている日本は、二度と這《は》い上がれないほどの壊滅《かいめつ》的打撃を受けることは間違いありません。**

というのも、野党各党を結び付けるのは、「平和安全法制廃止」という1本のボルトだけ。消費税や外交・安全保障、環太平洋連携協定（TPP）などの主要政策では、各党の主張に大きな隔《へだ》たりがあります**【表参照】**。つまり、日本共産党がめざす国家像や価値観は、他党と180度違うのです。

◆主要政策に対する野党の態度

	TPP	消費税		社会保障財源の考え	原発再稼働		憲法改正	
共産党	×	×	10%中止／将来廃止	「富裕税」創設／企業内部留保	×	即時ゼロ	×	改憲手続法は廃止／自主憲法へ
民主党	○	○	引上げを主導	予算組み替え／ムダ減らし	○	増設しない	○	憲法対話を推進
生活の党	×	△	性急な引上げ反対	予算組み替え／ムダ減らし	×	再稼働反対	○	一部見直し「加憲」
社民党	×	×	5%に／食料品は非課税	法人税引上げ／高額所得者課税／防衛費削減	×	再稼働反対	×	しない

こんな矛盾だらけの政府が誕生したら、どうなるか。例えば、**党内不一致やマニフェスト違反で崩《くず》れ去った民主党政権でさえ、日本の経済や外交は沈没寸前にまで追い込まれました。国家像や政策の違いをそっくり棚上《たなあ》げした「同床異夢《どうしょういむ》」の政府では、予算や重要政策の方針が定まらないことは必至であり、政権運営はたちまち行き詰まることは明らかです。**

彼らはその言い訳として、「国民連合政府」は「暫定《ざんてい》政権」で、平和安全法制を廃止した後、直《ただ》ちに解散・総選挙を行うから大丈夫だとウソぶいていますが、まったくのデタラメです。というのも、一国の政府として求められる外交や安全保障政策の連続性・継続性が失われ、国際社会から著しく懸念視され、孤立するほかないからです。

しかも、一時的であれ、共産主義の独裁国家をめざす極めて異質な政党が、政権に参画あるいは協力することがあれば、日本は米国をはじめ自由主義の各国から警戒されるでしょう。まさに、**「国民連合政府」はこの国を二度と戻れない窮地《きゅうち》に陥《おとしい》れる〝日本沈没への片道切符〟なのです。**

選挙目当ての「国民連合政府」

独善的な体質で他党との共闘などあり得ない

専修大学名誉教授　藤本　一美氏

日本共産党は安全保障関連法制の廃止を掲げる「国民連合政府」構想を発表し、2016年の参院選をにらみ、野党各党に共闘を呼びかけて統一候補の擁立《ようりつ》をめざす動きを活発化させています。これに対し、野党の反応はいまひとつで、国民連合政府が実現するのはほとんど不可能な状況になっています。

しかし、野党各党が共産党の提案を退《しりぞ》けることで、安全保障関連法制に反対する層に共産党の存在だけをアピールすることができます。つまり「国民連合政府」構想を打ち出した狙いは、市民やマスコミをアジテーション（扇動《せんどう》・そそのかすこと）することで、共産党だけに注目を集めることにあります。はっきり言えば、共産党の党勢拡大と参院選での議席増が、その狙いなのです。

共産党は、政治の場だけでなく、我々の生活の場においても〝地区細胞〟《注》（自己勢力）の拡大をめざしています。地域住民に言葉巧《たく》みに近寄り、仲間意識を持たせながら抜け出せないように人間関係をつくっており、それを全国で展開しているのです。私はこれを〝微笑《ほほえ》み作戦〟と呼んでいます。

柔軟に見える共産党ですが、本質は全く違います。

内外に向けて独善的な体質を持ち、特に内にあっては中央と異なる意見は認めず、すぐに粛《しゅく》清《せい》する性質を持つ党です。これは世界共通で、旧ソ連や北朝鮮、旧カンボジアなどの政権でも、現実には一人の独裁的指導者を中心とした「暴力革命」による共産党一党独裁が実態です。

また、その過程で批判勢力を排撃《はいげき》し、粛清していった事実も否定できません。外に対しても、相手の立場など一切認めず、何があっても反対します。真の共闘などあり得ません。

共産党は最近、選挙で議席数を伸ばしていますが、これは第三極といわれる野党の混乱が招いた、いわゆる〝行き場を失った票〟が共産党に流れたからです。

「国民連合政府」構想なる姑息《こそく》な手に決して騙《だま》されてはいけません。共産党の欺瞞《ぎまん》的体質を見抜いていくことが大事なのです。

〈注〉日本共産党は以前、基礎組織を「細胞」と呼称しており、1970年7月の第11回党大会で規約を改定して「支部」と改めた。

目的達成のためなら手段選ばず

Q 日本共産党は〝平和の党〟か？

A 最終目標は暴力革命。実際に破壊活動を起こした〝前科〟あり。だから、今も「破防法」に基づく警察の調査対象

日本共産党は「反戦の党」「平和の守り手」などと叫んでいますが、最終的には暴力によって革命を起こすことを否定していません。

共産主義者の〝バイブル〟であるマルクスとエンゲルスの『共産党宣言』には、こう書かれています。

「共産主義者は、彼らの目的は、既存の全社会組織を暴力的に転覆《てんぷく》することによってのみ達成できることを、公然と宣言する」――つまり、共産主義者の革命は暴力でしか達成できないと宣言しているのです。

日本共産党にも暴力主義によって革命を起こそうとした〝前科〟があります。

1951年（昭和26年）に定めた「51年綱領《こうりょう》」

では「日本の解放と民主的変革を、平和の手段によって達成しうると考えるのはまちがいである」と明記。さらに、同年打ち出した「軍事方針」では「われわれは、武装の準備と行動を開始しなければならない」と決起を促したのです。

これを受け、同党は党組織に統一指令部や軍事委員会を設け、中核自衛隊、山村工作隊等の非公然組織を編成し、火炎ビン闘争などの武装蜂起《ほうき》・軍事活動を全国的に展開。警察官への襲撃事件など組織的、計画的な暴力的破壊活動・殺人事件などを繰り広げ、日本社会を根底から震撼《しんかん》せしめました。

こうした**日本共産党の犯罪的愚行《ぐこう》の暴力行為をきっかけに制定されたのが、有名な「破壊活動防止法」（破防法）です**。

日本共産党は当時の方針について、「分派が勝手にやった」などと欺瞞《ぎまん》に満ちた責任回避の弁明をしていますが、警察庁は「（日本共産党が）暴力的破壊活動を行ったことは歴史的事実」であり、現在も「（暴力による）革命方針に変更がない」とみています。

このため、**日本共産党は今も破防法に基づく調査対象団体に指定されているのです【前掲・解説67ペ】**。

公安調査庁長官の国会答弁（要旨）から

「当時の社会的事情は、共産党が大きく関わっていた。この歴史的事実から破防法は発足した」「共産党が『平和的に革命ができる政党になる』と言えば、規制の対象から外されると思うが、それが分からないので、しばらくの間お付き合いを頂いている」（1989年5月11日）

日本共産党の「反核」「人権尊重」はご都合主義

Q 「反核」「人権尊重」を訴えているが？

A 社会主義国の「核兵器」を〝防御的〟と正当化。北朝鮮に「リアルな危険ない」とうそぶく

日本共産党は盛んに「反核」「人権尊重」を自己アピールしていますが、過去に起きた諸問題への対応を検証すると、矛盾と錯誤《さくご》に満ちており、また態度をコロコロと変える〝ご都合《つごう》主義〟が顕著《けんちょ》です。「赤いカメレオン」とも呼ばれています。

米ソ対立の冷戦時代には、核兵器に対して「資本主義国の核兵器は侵略的で、社会主義国の核兵器は防御的」などと意味不明の論理を展開。**社会主義国の核実験をまるで〝きれいな核〟〝きれいな死の灰〟だといわんばかりに擁護し、世間の物笑いになりました。**

さらに、その歪《ゆが》んだイデオロギー的立場を大衆運動に持ち込み、「平和の敵はアメリカ帝国主

義。友と敵を区別せよ」「いかなる国の原水爆にも反対ということは、帝国主義と社会主義、戦争勢力と平和勢力を同列視する誤りを含み、日本の原水禁運動の正しい発展を阻害し、真の敵を不明確にする」などと叫び散らして、日本の平和運動や原水爆禁止運動を大混乱させ、分裂させたことは歴史的汚点です。

また、**日本共産党は核兵器の保有などを厳しく禁じたわが国の国是《こくぜ》ともいうべき「非核三原則」の国会決議（1971年）をボイコットしているのです。**

最近は「原発ゼロ」も訴えていますが、**旧ソ連が原発を操業した1954年当時、しんぶん赤旗の1面トップには「人類史に新しいページ」「社会主義の勝利」などという大見出しが躍りました。**日本共産党らしい〝二枚舌〟の典型です。

北朝鮮に対しても、日本共産党の認識は世間と大きくかけ離れています。**2015年11月、党幹部が「北朝鮮にリアルな危険があるのではない」と発言。そのわずか2カ月後に北朝鮮が初の水爆実験に成功したと発表し、失笑を買いました。**

あるいはまた、1959年から始まった在日朝鮮人の北朝鮮への集団帰還事業で、北朝鮮を「地上の楽園」と賛美して後押ししたのも、日本共産党です。結果、9万3000人もの人々が「楽園」ならぬ「地獄の凍土」に渡り、人生を滅茶苦茶《めちゃくちゃ》にされたのです。

「原発ゼロ」もパフォーマンス

日本共産党は東日本大震災後から「即時原発ゼロ」などと叫んでいますが、同党はそもそも「（原発の）将来展望にかんしては、核エネルギーの平和利用の問題で、いろいろな新しい可能性や発展がありうる」（2003年6月30日付「しんぶん赤旗」）として、原発を積極活用する立場を取ってきました。

無責任な共産市政の実態

Q 日本共産党員が市長になると、どうなるか？

A 放漫経営で財政悪化、防犯カメラもなし

日本共産党は「国民の暮らしを守る」と宣伝していますが、共産系首長の自治体では、東京都の小金井市や足立区、大阪府の東大阪市など、ひどい実態が次々と明らかになっています。

16年間にわたり共産市政が続いた東京都狛江《こまえ》市では、その期間は〝空白の16年〟と呼ばれています。**不測の事態に備えて積み立てておいた市の基金を60億円も取り崩《くず》したにもかかわらず、借金はほとんど減らせないという放漫《ほうまん》経営で市財政を急激に悪化させたからです。**

「今さえ良ければ将来世代への負担がどれだけ膨《ふく》れ上がろうが知ったことではない」という共産市政の無責任さをよく表していますが、狛江市の共産市議は基金の取り崩し分を棚《たな》に上げて

「借金は減ってきている」と強弁しています。

人気取りのために大盤振る舞いをして財政を悪化させた一方で、本当に必要な政策はなおざりになっていました。

例えば、駅周辺や通学路などへの防犯カメラの設置です。**共産市政の狛江市では、地域の安全対策として警察署から何度も要望があったにもかかわらず、ずっと「検討中」として1台も整備されていませんでした。**

しかし、市長が代わるとすぐに設置が実現。共産市長の〝警察嫌い〟のために、防犯対策がおろそかにされていたと言われても仕方がありません。

災害時の危機管理にも疑問符が付きます。2013年、台風26号で土石流が発生し、39人の死者・行方不明者が出た伊豆大島（東京都大島町）では、**日本共産党員の町長（当時）が、台風が接近する中でありながら、出張先の島根県で飲酒を続けていました。しかも、その後、二次会にまで繰り出していたというから、驚きです。**

大島町は、大雨が予測され前日の夕方には土砂災害への警戒を促す情報を受けていたにもかかわらず、住民に避難勧告を出しませんでした。勧告を早めに出していれば被害を小さくできた可能性があったのですが……。

共産市政24年が生んだ異常な停滞
警察と敵対し、企業は去り、道路はガタガタ

前東京都日野市長　馬場　弘融《ひろみち》氏

私が日野市長に就任した1997年当時、市外の人から「どこから日野市ですか」と問われた時、「急に道路が狭くなり曲がりくねったところから日野市です」と答えたものです。それほど日野市の道路状況は最悪の状態でした。それが、1973年から6期24年という長期間にわたり、共産党員である市長による共産市政が続いた結果でした。

共産市政の最大の欠陥は、将来を見越した施策を一切、顧慮《こりょ》しない点です。道路をはじめとする社会資本の整備には、ほとんど注力しませんでした。市民生活に直結する重要な事業が数多くあるにもかかわらず、それらに触れようとしなかったのです。

その一方で、税金を使った過度のバラマキ施策は驚くほどのものでした。70歳以上の高齢者全員に無料の理・美容券を配り、敬老の日には、1人1万数千円の現金を「敬老金」「健康管理手当」と称して配布していました。これらは市長個人の人気の浮揚《ふよう》策として成功し、共産市政が

長く続けられた要因の一つだったのかもしれません。

共産市政の際立った特徴に、企業を「資本家の手先」として敵視することが挙げられます。もともと共産党の考え方からすれば、資本主義体制の象徴である株式会社制度を容認したくないのですから、企業に対してこうした姿勢を貫いて当然なのでしょう。

しかし、共産市政により、先人たちが苦労して誘致してきた企業に去っていかれたことは、きわめて残念であり、その損失は非常に大きなものがありました。

四半世紀にわたる共産市政は多くの〝ひずみ〟を生みました。企業との関係は最低。都・国との関係も最悪。警察・自衛隊とは敵対関係にある。その結果、行政が停滞《ていたい》。まさに異常な事態でした。

さらに、子どもたちの将来を視野に入れた教育や文化施策が講じられることは、ほとんどありませんでした。弊害《へいがい》の最たるものは、市民の心が暗くなってしまう側面があったことだと思えてなりません。

支離滅裂でいい加減な政策

Q “ブレない政党”と言うが、本当か？

A 消費税をめぐる政策は二転三転、財源もバラバラで根拠なし

日本共産党の**消費税に関する主張はそれこそ二転三転、激しくブレまくっています。**消費税が導入される時は、「断固廃止」と言っていました。それが、いつの間にか「引き下げ」や「増税反対」に変わり、「廃止」は将来の宿題として棚上《たなあ》げしたようです。

主張の中身も支離滅裂《しりめつれつ》で、何の根拠もない極めていい加減なものと言わざるを得ません。消費税に代わる財源を「大企業増税」や「公共事業費削減」、「軍事費削減」で生み出すなどと言っていますが、**ねん出する額は7兆～20兆円とバラバラ。その額も明示したり、しなかったりで、一貫性がありません【表参照】。**

消費税は、少子高齢社会の進展で毎年1兆円

◆消費税に対する日本共産党の主張

	主　張	財源額
1996衆院選	廃止	10数兆円
1998参院選	廃止	記載なし
2000衆院選	引き下げ	10兆円程度
2001参院選	緊急に引き下げ、廃止する	記載なし
2003衆院選	増税反対	10兆円以上
2004参院選	増税反対	10兆円程度
2005衆院選	増税反対	記載なし
2007参院選	増税反対	記載なし
2009衆院選	増税反対	12兆円以上
2010参院選	増税反対	年間7兆円程度
2012衆院選	増税反対	18兆〜20兆円
2013参院選	増税反対	18兆〜20兆円
2014衆院選	10%増税先送りでなく中止	10年後に20兆円

※財源の中身はほぼ同じ

以上、国の負担分が増えていく社会保障給付費を支える柱です。**「消費税をなくせ」という主張は、聞こえは良いですが、「福祉切り捨て」に直結するものです。**仮に、日本共産党が入った連立政権が発足すれば、消費税の扱いをめぐり大混乱することは間違いありません。それによって年金や医療、介護、子育て支援が一気に滞《とどこお》ることになれば、結局、国民にツケを回すことになります。

意味不明な「軽減税率」批判

多くの国民が望み、政府与党が消費税10%への引き上げと同時導入を決めた軽減税率。これに対し、日本共産党は8%の据え置きは「増税のまやかし」「ごまかし」「選挙目当て」などと批判しています。しかし、考えてみれば「10%への増税中止」すなわち〝8%に据え置け〟と主張している張本人こそ、日本共産党です。これでは、軽減税率を批判すること自体が筋違いであり、その内容も支離滅裂で、もはや意味不明です。

反対と横取りが実績の「ハイエナ政党」

Q 日本共産党の実績は？

A 何でも反対だから「実績ゼロ」。挙げ句の果てには他党の実績を横取りする「ハイエナ政党」

各地で**「反対だけが実績」「実績ゼロ」**と揶揄《やゆ》される日本共産党。彼らはこうした批判をそらすために、他党の実績を横取りして自らの実績だと宣伝する、恥《はじ》知らずで非常識な行動を繰り返し、**「実績横取り政党」**とも評されています。

例えば、**「共産党は他人のやった仕事を横取りするハイエナという下劣《げれつ》な獣《けもの》に非常によく似ている」**とは当時の石原慎太郎東京都知事の議会答弁（２００１年3月16日）です。

最近では、２０１７年の東京都議選の前に、公明党が都知事に掛け合って実現にこぎ着けた私立高校授業料の実質無償化について、日本共産党はＮＨＫで生中継された国会審議で〝共産党がやった〟かのようにアピールするなど、実績横取りを画策。そうした狡猾《こうかつ》な様子は「共産党が目玉政策の手柄を横取り」（２０１７年5月24日付「読売」）と報じられました。

また、日本共産党は、自治体の予算に反対したにもかかわらず、その予算に盛り込まれていた「子ども医療費助成を拡充」などと平然とウソをつきます。

これは都議会でのある自民党議員の質問例。「共産党が取ったと称する実績の根拠として述べられているのは、『何年何月に、このことについて質問した』あるいは『意見を言った』というものばかり……『質問した』『意見を言った』ということと、それを『実現させた』ことは全く違うというのが常識で……ちょっとさわったくらいで、もう『取った』と言いふらすのは、都民を愚《ぐ》ろうするものだ。都民を欺《あざむ》くようなことは、以後慎《つつし》んでいただきたい」（２００1年3月26日）と。

政策や主張を実現させるには、議会質問だけでなく、予算上の裏付けに至るまで、行政側との粘り強い折衝、交渉の努力があってこその話。

この自民党都議は「質問や提案をしたりして、関心を持った事項を実現させることは一番苦労するところで、政党の存在と実力は、この実現にある」と訴えていますが、まったくその通りです。**それを日本共産党は〝ちょっとさわった〟くらいで「実現させた」と触れ回る。厚かましいにもほどがあります。**

こうした〝ハイエナ体質〟を見かねた自治体の首長からは「共産党から提案されたから実現したという政策は一つもない」（熊本哲之・世田谷区長＝２００７年3月当時）などと非難ごうごう。

日本共産党のビラや号外は、ウソとデマ宣伝のオンパレードです。

異質な共産の救援募金
全額を被災地に届けず

「共産党の募金活動は、先ず自分達の経費を差し引くので注意しましょう」。西日本豪雨の救援募金活動に関し、他党幹部から2018年7月10日にツイッターでこう指摘された日本共産党は、「悪質なデマに抗議する」（7月11日発表の党大阪府委員長談話）、「現場を知らない者のざれ言」（7月23日、小池晃書記局長）などと、否定・反論に躍起になっている。8月に入ってからも、この他党幹部には共産党支持者から「共産党の被災地救援募金に文句をつけてる」といった苦情がツイッターで寄せられているようだ。

ただ、冒頭の指摘には、根拠がある。共産党が東日本大震災で集めた救援募金の総額10億7091万円のうち、被災自治体などへの義援金5億9357万円以外を、「支援物資の購入」「資材・郵送料等の諸経費、その他」などに充てたことは、16年3月12日付「赤旗」に掲載されている通りだ。共産党は「救援募金は全額、被災地、被災者のために使っている」としきりに強調するが、「全額、被災地、被災者に届けた」わけではないのである。

共産党は16年4月、党演説会場で呼び掛けた九州地方地震被災者救援募金について、党地区委員長が「熊本の被災地救援、北海道5区補選支援、党躍進のためにありがたく使わせていただきます」とツイッターで発信し、批判が殺到した事例がある。共産党に寄せられた募金の使途に、厳しい目が向けられたのだ。

共産党の募金活動が一般的な感覚とは異質なものに映るとの指摘に対し、同党が過剰に反応している背景には、こうした〝前歴〟も関係しているのではないか。（「公明新聞」18・8・8）

Ⅶ・日本共産党史の〝暗部《ブラックホール》〟

〈月刊『公明』2015年5月～7月号から転載〉

1 〝自らを顧みぬ〟「前衛」記事の不明と愚論

公明党は2014年11月17日、結党50年を迎えた。それに際し、党外の識者・文化人から、「清潔に徹し、福祉、文化、平和に力を入れてきたその歩みを私は高く評価している」（劇作家の山崎正和氏）、「公明党が最も優れているのは、地に足の着いた平和主義という点」（ジャーナリストの田原総一朗氏）、「結党時の指針『大衆とともに』が50年間、ぶれずにきた」（寺谷弘壬《ひろみ》青山学院大学名誉教授）等々のコメントが寄せられた。

一方、月刊「公明」誌上で公明党の50年史（『大衆とともに』公明党の歩み」）を連載したことに関し、日本共産党は機関誌「前衛」（14年11月～15年1月号）誌上で、「公明党結党50年の裏面史」なる悪意に満ちた中傷記事（以下「前衛」記事）を掲載した。「反対だけが実績の党」と称される日本共産党にとって、公明党が党外一般からも「平和の党」「福祉の党」「庶民・大衆の党」と評されることに対し、妬《ねた》み僻《ひが》みの念に似て、あら探しやケチをつけることが「眼目」のようである。すなわち、「前衛」記事では、冒頭で、「公明党の五〇年の歴史を俯瞰《ふかん》し、その実態に少しでもふれるなら、この党の表と裏の言動の落差に驚かざるをえない。……つまり建前と本音の違いであり、国民への説明と実際の言動との相反である」と批判し、公明党の50年は「矛盾と欺瞞《ぎまん》に満ち」「無責任で反国民的」「外面と裏の素顔があまりに違いすぎる」「外面如菩薩内心如夜叉」などと罵倒《ばとう》し全否定している。共産党流のいつものパターンである。

●「全能」「完全」の体現者？

そのように公明党を罵倒する日本共産党であるが、同党はどのような精神構造を持っているのか。同党では、その奉ずる科学的社会主義＝マルクス・レーニン主義を、あらゆる思想、哲学、主義、主張の中で「ただしいがゆえに全能で……完全」「全一的な世界観」「人類の歴史がつみあげてきた科学の成果の最高の結晶」（日本共産党中央委員会出版局発行「共産主義読本」）、「実践の試練にたえぬいた客観的真理」「絶対的に正しく動かしえない内容を持つ絶対的真理」（日本共産党中央委員会発行「月刊学習」１９６７年９月号）だと断定し、しかも同党は「日本において……真の社会主義（科学的社会主義）を体現している」のは「日本共産党をおいてほかにありません」（日本共産党中央委員会出版部発行「日本共産党１００問１００答」）としている。その意味するところは事実上、「全能」「完全」「絶対的真理」とするイデオロギーの日本における唯一の「体現者」が日本共産党であるということである。

●「共産党はいつでも、どこでも、正しい」の独善主義

自らを居丈高に「絶対正義」の高みに据えているようである。日本共産党が「前衛」を自称しているのも、その表れだろう。すなわち、「日本共産党は、日本の労働者階級の前衛部隊であり、労働者階級のいろいろな組織のなかで最高の階級的組織」「共産党は、……労働者階級のもっともすすんだ人びと、つまり……労働者階級のすぐれた階級的資質を集中的にもった政党であり、労働者階級全体と人民にたたかいの方向をしめ

し、その先頭に立ってたたかい、指導する労働者階級の前衛部隊」(「共産主義読本」)としている。そのように自党を「最高」「もっともすすんだ人びと」「指導する」側に立つと位置づけており、同党以外の国民大衆を睥睨《へいげい》するように、同党が全国家権力を掌握した暁《あかつき》には「全人民を社会主義的に改造」(「共産主義読本」)、「社会の成員を一層たかい共産主義的人間に改造してゆく」(「日本共産党100問100答」)との〝人間改造〟方針を掲げているのである。公明党を罵倒する同党機関誌「前衛」はさしずめそのシンボルということだろう。

そのような「唯我独尊」思想に凝《こ》り固まっている同党は、昔から「いつでも、どこでも、正しいのは日本共産党だけ。他はすべて間違っている」といわんばかりの度し難い独善主義を振り回し、他党批判にも余念がない。とりわけ公明党に対しては一貫して「反動」「反共」なるレッテルを貼りつけ、敵意をむき出しにしてきていることは周知の通りだ。しかも同党は尊大な「前衛」意識からか、同党以外の他者・他党から一言半句でも批判されたり異を唱えられたりすると、一切聞く耳を持たぬ批判絶対拒否の態度に出て、目玉がつり上がったように逆上し、相手をヒステリックに「反共」呼ばわりしたり、猛《たけ》り狂ったように罵倒し続けることに血道を上げるのが習性となっている。

●立花隆氏へ「組織的で悪質な取材妨害」

そんな同党の異常体質を指摘する声は多々ある。例えばかつて、「文藝春秋」誌上で「日本共産党の研究」との題で連載・執筆した評論家の立花隆氏は同連載を収めた同名の書(講談社刊)の中でこう指摘する。「……『反共』という薄汚れたイメージのレッテルを相手に貼りつけてしまうと、あとは相手をまともな議論の相手とは見ず、ひたすら、罵詈讒謗《ばりざんぼう》、誹謗中傷のたぐいをウンザリするほど浴びせかけてくる。これが共産党のいつもの議論の仕方である」、あるいは「共産党は人のいうことを歪曲した上でこれに徹底的な誹謗中傷を加えて攻撃するという習性を持つ集団」と。さらに、立花氏は「私が共産党に対して加えてきた批判は、すべて民主主義の原理からの批判」としているが、「これに対して共産党は……デマゴギーと中傷をもって応えることしかしなかった。……『反共』のレッテルを貼りつけ、これに威嚇的で声高な誹謗と揶揄と罵倒とを浴びせかけることしかしなかった」。

　立花氏に対し、上記のような威嚇《いかく》的で罵詈雑言の「反共」大キャンペーンを浴びせただけでなく、さらに「我々の取材に対して共産党から組織的になされた、きわめて悪質な取材妨害」との言論妨害・抑圧行為についても、立花氏は生々しく証言している（「日本共産党の研究」）。

　立花氏は日本共産党機関紙「赤旗」の取材の仕方について、「正々堂々と『赤旗』を名乗らない、ある作家に頼まれて人の消息を調べている、ある学者の伝記を書くために、その周辺の人たちの行方を調べている、などといった口実を使う」等々、「ほんとうに信じ難いほどのあの手この手を使う」と、コキ下ろした上で、

「問題なのは取材妨害である。取材先に出かけていって、

『立花隆という人間がどういう人間か知っているか』と、まず私に関する誹謗中傷をならべたて、次いで、

『文春の取材に応じるとどうなるか知っているか』

と切り出して、

『文春は、名前を伏せるなどの口約束をしても平気でその約束を破り、しょっちゅう裁判沙汰

を起している。あなた方の名前の場合、明るみに出たら生命の危険にさらされる』などといい、ある所では、スパイに売られて虐殺された同志の子供がまだ生きているとチラといってみたりする。

あるいは、

『文春の取材記者は社員ではなくルポ・ライターだから無責任に平気でウソをいう』

『文春のようなところからは念書を取ってからでなければ取材に応じてはダメだ。何なら私たちの弁護士に相談にのらせよう』。

こんなことをならべたてるのである。ご苦労なことにはこれらの取材妨害のために、東京から全国に人をやったのだそうである。

私もこの道に入ってそう浅くはない経験をつんでいるつもりだが、これほど組織的で悪質な取材妨害にぶつかったのははじめての経験である」とし、「共産党が政権をとると、こういう形での悪がしこい報道機関への取材妨害が広汎におこなわれるようになるのだろうかと、空恐ろしく思っている」と記している。

●立花氏を「犬」呼ばわりする人権侵害

日本共産党はそのように党を挙げて立花氏を批判・攻撃し、同党機関紙「赤旗」では「犬は吠《ほ》えても歴史は進む」との大見出しを掲げ、それをパンフレットの表題とするなど、立花氏を何と「犬」呼ばわりまでした。他にも、「自民党の走狗」「トロツキスト暴力集団の一味」「特高警察の擁護者」「日本型ファシズムの推進者」などの悪質なレッテルを立花氏に貼りつけ、陰湿な人格攻撃、罵詈雑言の限りを浴びせたのである。

また、当時、文藝春秋社で担当デスクだった花田紀凱氏は、「『文藝春秋』が発売されるとほとんど同時に『赤旗』その他、党の機関紙、誌を総動員して反撃してくる。事前に内容が漏れているとしか思えなかった」とし、「後に取材チームにスパイが潜入していたと判明した」（兵本達吉「日本共産党の戦後秘史」文庫本『解説』）と書いている。「生涯にこれほど驚いたことはない」「当時の立花部屋の内情が、すべて日本共産党側に筒抜けになっていたとは」「日本共産党の怖さ、非人間性を思い知らされた」（「編集者！」）とは花田氏の述懐《じゅっかい》だ。

限られた取材チームの中に、スパイまで潜入させていたとは仰天《ぎょうてん》するばかりだが、日本共産党はそこまでやる党である。

立花氏の語る「これほど組織的で悪質な取材妨害」のあの手この手には恐れ入るばかりであるが、日本共産党が野党だったから、まだ「取材妨害」程度で済んだともいえるだろう。立花氏は自らが受けた実体験から「共産党が政権をとると……空恐ろしく思っている」と述べているが、それは決して杞憂《きゆう》ではあるまい。

現に、日本共産党は「反共主義は共産党の敵であるだけではなく、人民の敵なのです」（「共産主義読本」）と威嚇的に宣言している。共産党にとって不都合な言動を、「反共主義＝共産党の敵＝人民の敵」と恣意《しい》的・専断的に判断することは十分ありうる話だ。現にそのことは立花氏に対して取った態度からも予想される。否それだけでなく、実際に共産党が政権党となった既存の社会主義国では、共産党に従わなかったり、反対する人々を、「反革命分子」「人民の敵」呼ばわりし、片っ端から〝粛清〟の対象者とし、累々《るいるい》たる犠牲者を出したことは厳たる歴史の事実である。

立花氏による「文藝春秋」での「日本共産党の研究」は1976年1月号から77年12月号まで連載された。この間に、またそれ以後も、上記のような立花氏に対する悪質な取材妨害や、「ほとんど狂気じみた激しい中傷攻勢」、威嚇的な罵詈讒謗を浴びせたわけだが、その7年前の69年12月から70年3月頃までの期間、日本共産党は公明党と創価学会に対し、言論・出版妨害があったとして、国会で大論陣のシフトを敷いたのをはじめ、「赤旗」など同党の機関紙誌を総動員して大キャンペーンを張り、また全国にビラ・チラシ類をまき散らすなど党を挙げて集中的・組織的な批判攻撃を行った。さらに共産党系の学者・文化人らを動員し、「前衛」記事にも出てくる「日本出版物小売組合全国連合会」など共産党系の印刷、出版、販売関係などの諸団体も連携して活発に動き、「声明」発表やら「抗議」行動などを盛大に展開した。

●真っ赤なウソ　「言論・出版自由の守り手」

その時の日本共産党陣営の〝錦の御旗〟〝大宣伝〟が「日本共産党だけが唯一、言論・出版の自由の守り手」「民主主義の擁護者」「正義の味方、真実の友」などという触れ込みであった。しかしその後の、立花氏に対する党を挙げての一連の組織的・集中的な取材妨害・言論抑圧行為はそれが全くのウソ・偽りの〝仮面〟にすぎないものであることを天下に暴露するものであった。この事実は、まさに日本共産党が、「前衛」記事で公明党側に投げつけてきた「表と裏の言動の落差」「建前と本音の違い」「国民への説明と実際の言動との相反」「外面と裏の素顔があまりに違いすぎる」党であることを見せつけるものではないか。

なお、この時の言論・出版問題について、月刊「公明」誌上の「50年史」にも、きちんと明記しているように、公明党は70年6月に開催した第8回党大会で、こう総括した。「この問題は、あくまでも不当な中傷に対して、みずからの名誉をまもるための話し合い、または要望の範囲内にとどまるものであり、言論の自由妨害あるいは憲法違反などと指摘されるものではなかったのでありますが、ただ公党として、世間の疑惑を招く結果となった点については、誠に遺憾であり、深く反省するものであります。わが党は、言論・出版の自由を尊重することを堅く誓うとともに国民各層から寄せられた忠告・助言に謙虚に耳を傾けながら、党の建設に努力してまいります」(「党務報告」)と。

ところが、ねじ曲げ・歪曲専門の「前衛」記事にかかると、こう描かれるのだ。「当時も『深く反省』と口では言いながら……『公明党史』では、そうした言葉さえも雲散霧消しているのである」と。公明党を貶《おとし》める悪質デマの一つである。大体、日本共産党は、立花氏に対して行った「組織的で悪質な取材妨害」、言論抑圧行為、さらに立花氏を「犬」呼ばわりした人権侵害・名誉毀損について、党として反省・謝罪をしたことがあるのだろうか。そうした事実があったとは寡聞《かぶん》にして聞かない。もし立花氏側に反省・謝罪をしていないというなら、同党は今でも〝あれは正しかった。間違っていない〟と認識しているということである。即それは今後も同様な犯罪的行為を繰り返す可能性があるということだ。

さて、最近は戦術的な「ソフト・ムード」「柔軟微笑」路線下でネコかぶりしているのだろうか、他者・他党攻撃はやや抑え気味というか潜在化しているようであるが、しかし同党の血肉化し骨がらみとなっている、その独善主義や、あたり構わず「反共」呼ばわりするヒステリー症状、常習的なデマ・でっち上げの性癖といった異常体質は、簡単には矯正《きょうせい》されないだろう。否ほとんど改善不能であろう。従って、同党との間でまともな政策論争や生産的な議論など成立するはずもない。立花氏も「もしかしたら、共産党内でポレミスト(論争者)として取り立てられる条件は、論理の構築能力とか、批判・分析能力にあるのではなく、罵倒能力にあるのではないかと思わせるほどだ」（「日本共産党の研究」）と指摘しているが、まさにそれを裏書きするような、公明党に向けられた罵倒と全否定だけの「前衛」記事にまともに向き合っても不毛なだけである。

〝党史の詐称《さしょう》・偽造〟の虚偽体質

俗に〝自らを顧《かえり》みてモノを言え〟と言うが、大体、当の日本共産党自身の過去はどうなっているのか。同党は１９２２年7月15日に結成され、近々結党93年を迎える。これまで40年史、45年史、50年史……と過去7回、党史を発表している。最近のものとしては２００３年1月に発表された「80年史」がある。過去のそれまでの党史と同様に、至るところに党史の詐称・偽造が散見されるのであり、それについては「公明新聞」（03年3月30日付）紙上で「党創立の目的さえ偽る虚偽体質――『民主主義と平和の旗かかげて誕生した』は、〝真っ赤なウソ〟」）と題して論評したことがある（公明ブックレット30「日本共産党の欺瞞《ぎまん》性を突く」所収）。

すなわち、「80年史」では、日本共産党は「主権在民の民主政治の実現と侵略戦争反対の平和の旗をかかげて誕生しました」という書き出しで始まるが、それは真っ赤なウソである。同党はスターリン独裁下のソ連共産党が支配するコミンテルン（共産主義インターナショナル）の日本支部として設立され、結党の目的は暴力革命に基づく「プロレタリアート独裁」の樹立にあった。あるいはまた、結党時の「日本共産党綱領草案」（１９２２年）を自画自賛《じがじさん》し、「日本共産党が、天皇絶対の専制政治下にあって、反戦・平和と主権在民の民主主義の立場をかかげたことは、二十世紀の世界史の本流にたつものとして、日本と国民の歴史にとって、かけがえのない値打ちをもちました」などと天まで持ち上げているが、これも偽りである。

●「一貫して平和と民主主義の党」はウソ

確かに同「綱領草案」には、「天皇の政府の転覆と君主制の廃止」「普通選挙権の実施」などのスローガンが盛られ、民主主義的スローガンであるかに見える。しかしそれは、同綱領草案の中で「民主主義的スローガンは、日本共産党にとっては、天皇の政府とたたかうための一時的な手段にすぎないのであって、この闘争の過程で当面直接の任務——現存の政治体制の廃止——が達成されるやいなや、無条件に放棄されるべきものである」とあけすけに本音を述べている。

つまり日本共産党の特定目的＝現存政治体制の廃止↓ソビエト権力（プロレタリアート独裁権力）樹立＝を達成するための「一時的な手段」にすぎず、目的達成後には「無条件に放棄されるべきもの」とされているのだ。一種の〝毛ばり〟〝羊頭狗肉《ようとうくにく》〟である。これでどうして「主権在民の民主政治の実現をかかげて誕生した」などと言えるのか。そもそも同綱領草案にはどこを探しても「主権在民」という言葉は見当たらない。同党が結党に当たってめざしたのは、主権在民の民主政治ではなく、今日われわれが普通の日本語として使っている意味での民主主義を「ブルジョワ民主主義」と否定し、それと正反対の立場に立つスターリン流の〝人民民主主義〟すなわち「プロレタリアート独裁」であった。

また、「侵略戦争反対の平和の旗をかかげて」というが、同党の「三二年テーゼ」（「日本における情勢と日本共産党の任務にかんするテーゼ」＝1932年）には、「帝国主義戦争反対。帝国主義戦争の内乱への転化」とのスローガンが掲げられ、さらに「革命的階級は……ただ自国政府の敗北を願いうるばかりである。政府軍隊の敗北は、日本における天皇制政府を弱め、支配階級にたいする内乱を容易にする」と述べている。つまり、日本の「敗北を願い」、そして国内に「内乱」を起こし、それを「ブルジョア＝地主的天皇制の転覆。労働者農民のソビエト政府の樹立」との「革命」目的達成につなげるとするものである。これは字義通りの反戦平和とは違うだろう。とりわけ国内で同胞が相戦うことになる内乱の悲惨さは想像を絶するが、その内乱を煽動《せんどう》し、「革命」すなわちクーデターをめざすとしているのに、それを〝反戦平和の旗を掲げ〟などと偽るのは国民を著しく欺《あざむ》くものである。悪質極まりない大ウソである。問題は、この〝主権在民〟問題にせよ、〝反戦平和〟の大ウソにせよ、ここで初めて指摘しているのではないということだ。75年の公・共「憲法論争」での公明党からの「日本共産党への公開質問状」をはじめ、立花隆氏の「日本共産党の研究」等々、同党外からはずっと以前から指摘され続けているのである。だが日本共産党は、それに全く耳を塞《ふさ》ぎ、目を閉じて、相も変わらずに従来と同様に「一貫して平和と民主主義のためにたたかい」などと平然と触れ回っているのである。国民を欺き、史実を誤魔化《ごまか》してテンと恥じぬ、その不誠実極まりない無節操な態度こそ問題なのだ。同党固有のその恥知らずな欺瞞的態度は今後も変わることはあるまい。

●テロと暴力革命に専念していた時代

ところで、この80年史に限らず日本共産党は過去の党史でも、常に〝党の輝かしい歴史と伝統〟を得々と吹聴《ふいちょう》し自画自賛しまくっているのだが、実際は少しも輝かしくないので、党外や関係者から、虚偽だ、ゴマカシだ、といった指摘や論評が少なくない。その一つに、兵本達吉氏の著「日本共産党の戦後秘史」(産経新聞出版２００５年９月刊)がある。兵本氏は青年時代から三十数年にわたって日本共産党員であり、１９７８年に同党中央委員会勤務となり、党国会議員秘書などを務め、98年に同党を除名されるまでの約20年間、党本部内でつぶさに党を見聞きしてきた人物である。兵本氏は「日本共産党が時代とともに、情勢とともに、たえずカメレオンのごとくその基本的見解を豹変させ」(「正論」２００７年特別号)てきたと指摘しているが、氏の著「日本共産党の戦後秘史」には、こう記されている。

「過去何度も出された党史で、常に触れられない部分がある……日本共産党のブラックホール、闇に閉ざされた部分である。……交番に火炎びんを投げ込んだり、警察官を殺害したり、水滸伝の山賊よろしく、『山村工作隊』と称して山に立て籠ったり、漁師の船をかっぱらって『人民艦隊』と称したり、地主を襲って金品を強奪したり、『トラック部隊』と称して、会社財産の盗奪をはかったり、要するに、共産党の非合法活動の時代、テロと暴力革命に専念していた犯罪的愚行の時代のことである。党にとっては、これは書くわけにはいかないものである。だから、党史からオミットしてあるのである。オミットしているだけではない。白を黒、サギをカラス、白猫を黒猫というふうに、事実をあべこべに、逆さまに描き出して、党史を改竄《かいざん》している」と。

●陰湿・凄惨《せいさん》な「拉致《らち》・監禁・査問・リンチ」

ここに記された、「テロと暴力革命に専念していた犯罪的愚行」は、日本共産党が自賛してやまぬ「平和運動」「平和主義」とはおよそ正反対の武装蜂起・軍事闘争であり、日本社会を根底から震撼せしめた犯罪行動だが、兵本氏の言う「日本共産党のブラックホール」「闇に閉ざされた部分」は、それにとどまらない。最近も月刊誌「Ｖｏｉｃｅ」（15年3月号）で取り上げられたが、同党内における、陰湿・凄惨な「拉致」「監禁」「査問」「リンチ」といった事例も、同党の「裏面史」の一つである。

すなわち、「Ｖｏｉｃｅ」（15年3月号）の記事（「説教ストロガノフ」第8回）では、「日本共産党のブラック体質」として、同じ党員仲間を造反嫌疑、スパイ嫌疑などで取り調べる「査問」について言及している。同誌記事でも取り上げられた「宮本リンチ事件」――党内の「査問」で、凄惨極まる拷問《ごうもん》、リンチを加え、死に至らしめ、不法監禁致死・死体遺棄で無期懲役判決を受け、服役した宮本顕治・元同党委員長が犯した事件であるが、それは天下周知の事実である。このとき、査問の場に持ち込まれた凶器類は、ピストル、実弾三発、出刃包丁（二丁）、薪割《まきわ》り用斧《おの》（二丁）、硫酸瓶《びん》、錐《きり》、針金、火鉢、炭団《たどん》、麻縄、細引、目隠し、猿ぐつわ、などであった。

●拷問、リンチで自殺者、発狂者が続出

同誌記事は、不破哲三・前党委員長も受けた「査問」についても触れており、「不破と仲間の何人かが査問部屋に何日も閉じ込められ、顔の形が変わるほどぶん殴られるリンチを受けた……」とある。その詳細は、兵本氏の前掲書によると、共産主義研究家の来栖宗孝の論文「日本共産党の五〇年問題と党内抗争」に記されているとされ、スパイ、規律違反、金銭不正の摘発名目で総点検運動が行われ、「第一次」で党員269名が処分され、「第二次」では過酷非情に強行されて、さらに1200人の党員が処分されたという。

この総点検運動において、『スパイ査問』の名

……を借りたリンチやテロが呵責《かしやく》なく行われ、自殺者、発狂者が多数出て、癒すことのできないようなトラウマ（精神的外傷）を党員と党組織に遺した」とされるが、不破前委員長らがこのとき受けた「査問」では、「……何人かの細胞員学生が殴りつけ両手を縛り、ついには焼け火箸《ひばし》を持ち出してくるという凄惨な状況が展開された」という。

また、「Ｖｏｉｃｅ」誌記事では、「共産党の暗黒面は、『査問』（筑摩書房）という暴露本に詳しく記されています」とあるが、その「査問」（筑摩書房　１９９７年刊）の著者・川上徹氏は共産党系の学生組織・日本民主青年同盟（民青）の元幹部である。川上氏が同著で告発した「査問」実態は、日ごろ「人権擁護の党」「開かれた党」などと党外国民向けの日本共産党の宣伝文句とは全く裏腹な党体質であることを生々しく暴露するものであり、共産党内外に大きな波紋を呼んだ。そのため、不破氏が党委員長時代の93年9月11日、日本記者クラブでの講演の際、記者から川上氏らへの「査問」に関して聞かれ、こう述べている。

「これは政党のなかのいわば政治倫理の問題です。党大会で人民的議会主義という方針が決まったときに、〝それはおかしい〟という人たちが、いわば一つのグループをつくって、かなり手広い活動をやっているのを、調べたということ」であると。

しかし不破氏が語ったこの言葉は、全くのまやかしである。実際に「査問」を受けた元党員らの証言を見れば、単なる事情聴取的な「調べた」などという不破氏の説明とは大きくかけ離れたものである。それこそ人権蹂躙《じゆうりん》、非民主的な実態が存在することは明白だ。それは、「政党のなかの政治倫理の問題」といった通り一遍の遁辞《とんじ》で済まされるような話では全くないのだ。

●告発・暴露された戦慄《せんりつ》すべき査問実態

川上氏の著「査問」には、戦慄すべき内容が描かれている。民青本部に出向いた川上氏に対し、緊急会議があるので「即刻、代々木の党本部に行ってほしい」と告げられた。だが緊急会議は、川上氏を呼び出すための口実にすぎなかった。党本部に入ると、無言の男二人に前後を挟まれ、小部屋に連れて行かれた。同党最高幹部の幹部会員の男に「君に党規約と規律に違反した嫌疑がかかっています」「君の党員権をただいまから停止する」と告げられた。身につけている一切の所持品の提出を求められ、手帳から筆記具まで全て取り上げられた。家に帰ることも許されず、外部との一切の連絡が禁止され、妊娠3カ月だった妻への電話も許されなかった。絶えず屈強な「防衛隊員」の〝見張り役〟がつき、その見張り役はトイレにまでついて行き、ドアを開けておけ、と指示された。夜も自殺予防の監視係が添い寝して、一人になることを許されなかった。〝自殺〟に走るほど、取り調べは峻烈《しゅんれつ》過酷だったということだろう。

査問七日目にして、初めて着替えの差し入れが届いた。体から異臭が漂うようになっていて、入浴が許された。党本部の党員による尋問は、川上氏には身に覚えのない「分派活動」を認めさせようとするもので執拗《しつよう》を極め、「人生そのものの終わりと錯覚させるほどの脅迫力を持つものであった」。査問十二日目に川上氏の妻が党本部に呼ばれ、夫が分派活動の疑いで取り調べされていることを初めて知らされ、それを聞いた川上氏の父母が、あまりに非常識な党のやり方に対し、「これ以上の息子の留置に対しては、人権擁護委員会に訴え出る」と党側に通告。翌日ようやく十三日目に釈放された。釈放のとき、川上氏は「君、君が消えてくれるのがいちばんいいんだけどな」との言葉を浴びせられた、という。川上氏は〝釈放〟後も「隔離・再教育」と称して自由を拘束された。「もし日本がソ連・東欧型の社会主義国になっていたとしたら、間違いなく自分は銃殺刑に処せられていただろう」とは、同著での川上氏の言葉である。

同著には、同じく査問された川上氏の友人（新保寿雄氏）がメモに記した〝査問官〟の共産党幹部の言動も紹介されている。

「お前、オレをナメルのか！　共産党中央をナメルのか！　甘く見るんじゃないぜ」

「オイ、全部吐けよ、吐きゃあ気も楽になるし、家にも早く帰れるのにな」

「そうか、どうしても吐かないっていうんだな。……お前、新保という人間をナ、党内はもちろんのこと、社会的にも抹殺してヤル。断固、糾弾していくんだぜ」

「お前、子どもがいるナ。民主連合政府になっ

てナ、親父は反党反革命分子だということになったら、子どもはどうなるんだ。子どもの将来のことも考えろよ。オイ、吐けよ」……

この本の帯には、「よくここまで書いてくださいました。私の友人は発狂し、その後の人生をめちゃめちゃにしてしまいました」（57歳女性　元党員）、「人権蹂躙、昔の特高もどきのやり口に戦慄しました」（60代男性　現党員）という言葉が載せられている。

●「共産党だけには権力とらせるな」……

川上氏と同時期に同じく「査問」された数百人のうちの一人、ジャーナリストの高野孟《はじめ》氏は共産党本部で一週間にわたり監禁、査問され、「僕は査問一日目の結論として、この党にだけは権力とらせちゃいけないと思った。スターリン粛清とか、いままでさんざん言われてたのと同じことが日本共産党でもやっぱり起こると思っ

た。まだいまは党内権力だから、このくらいですむけれども、これが国家権力だったら殺されてると」（「諸君」98年5月号）と語る。

また、かつて専従党員で67（昭和42）年5月に同様な目にあった宮地健一氏は、氏が開設しているホームページの中で「私が受けた『監禁査問』21日間の壮絶」との実体験を公表している。川上氏と同様な「監禁査問という名の拷問」「トイレも通院も監視つき」「24時間中私語禁止」「長男を出産したばかりの妻にも会わせず、子供の様子を聞くことも許されず」「銭湯では湯船まで一緒に入る監視要員付き」等々の人権蹂躙を受けたというが、まさに犯罪的である。

宮地氏は結局、査問から約10年後に党から給料をもらう専従職を解雇されることになるが、その頃日本共産党関係者による執拗な尾行、監視を受けたことを、妻の幸子さんが、こう綴《つづ》っている。「一九七七年、再び尾行で悩まされた。今度は夫が。日本共産党の執拗な張り込みと尾行によって。……夫が時間を決めて散歩に出ると、執拗に尾行を繰り返し、これも精神的破綻《はたん》を待つかのように組織的に尾行要員を投入した。……権力による人権侵害に徹底的に抗議する党が、党員を使い、『反党分子』には平気でこのような人権侵害をしたのである。当時、毎日帰宅後にその状況を聞き、理想とはまるで違う実体に、日本が共産党独裁の社会でなくて本当によかったと心底思った」と。

●査問は「中世の魔女裁判と同じ」

前出の兵本達吉氏も「査問」された体験者である。兵本氏は、「文藝春秋」誌上（2000年3月号）に「密告・査問　日本共産党の暗黒裁判」との手記を公表した。同手記は、「黙秘権もプライバシーもない。五人の男が〝自白〟を強要する――これでも『人権の共産党』か」とのリードで始まり、冒頭「五日間二十時間半に及ぶ査問の末、四十年近く在籍した日本共産党を除名された」と続けている。

さらに、「……共産党の査問においては、一般の法律の常識はまったく通じない。何もかもがさかさまになったような異様な世界が、そこにはあった。基本的な人権すら、そこには存在しなかった。『ここでは黙秘権はあるのか』と尋ねた私に、小林（栄三、統制委員会委員長・常任幹部会員＝引用者注）たちは唖然《あぜん》、といった表情を浮かべた。そんな言葉が出てくることすら考えられない、という表情だった。重ねて、『プライバシーの保護は？』と聞くと、返ってきた答えは『そんなものあるわけないじゃないか』だった」「私のように、警察のスパイになろうとしていた、という嫌疑が一度かけられたら、それを覆《くつがえ》すのは難しい。通常の裁判では『疑わしきは罰せず』であるのに対し、共産党では『疑わしきは罰する』だからだ」「査問においては、嫌疑を抱き訊問《じんもん》をする検察官と、是非を判断し審判を下す裁判官は同一人物なのである。加えて弁護士もいない、証人もいない。中世の魔女裁判と同じ構造なのである」と。そして、こう結論する。

「現在のように、共産党が小さな野党として政府与党を追及している限りは、一定の存在意義はあるだろう。……しかし、ひとたび権力の側に回ったら、これほど怖い政党はない。そこには思想の自由、良心の自由などひとかけらもないのだ」と。

兵本氏は、その著「日本共産党の戦後秘史」の中で、こうも言っている。

「私も『査問』というのをやられたが、これはこの党の党創立以来の伝統で、……戦前はリンチで殺してしまうこともよくあった。戦後は、さすがに殺害するというケースは、少なくなったようであるが、それでも、簀《す》巻きにして、もう少しで橋の欄干《らんかん》から、川へ投げ込まれるところであったという程度の話は『先輩』から、何度も聞かされた。何と恐ろしい政党だろう。ごく普通の人間、小市民とか、プチブルなどと言われる人はこの政党だけは入ってはいけないと思う。明日は何が起こるか分からない。突然『査問』に呼び出され、『お前は警察のスパイだ』と言われる。そして、抗弁しても『まず君が自白しなさい』とくる。……こういう事は、共産主義の国家では、ソ連でも、中国でも、現に北朝鮮でも、何十万回、何千万回となく繰り返され、そして、何百、何千万という人たちが殺された」と。

●「人権の党」の看板もウソ・偽り

兵本氏が日本共産党から「除名」処分を下されたのは1998年8月のことであるが、この処分について、共産党と社会主義の問題に詳しい金子甫《はじめ》・龍谷大学名誉教授は「共産党が政権を握っていないことが幸いして殺されずに済んだ」(「幻想と批評」第7号 2007年5月発行)と評している。前述した「査問」実体験者の川上徹氏や高野孟氏らの言葉も含め、同党の「査問」の酷薄非情・過酷峻烈さが浮き彫りになるというものだ。

こうした日本共産党による「査問」実態は、同党が国民の前で唱えている「平和と民主主義の党」「人権の党」などという看板とは、全く相反することは歴然としている。密室的な同党内での出来事とはいえ、これまでに世間で大騒ぎされ、深刻な社会問題として公然化されてこなかったのはむしろ不思議なくらいである。「査問」対象者の〝解放〟条件「外界との一切の連絡の禁止」(川上徹「査問」)や、〝解放〟後の威嚇的尾行・監視、もし抗議や批判の声を上げようものなら「反党分子」「転落者」「変節者」「裏切者」といったレッテルを貼り罵声を浴びせる人格攻撃など〝口封じ〟〝猿轡《さるぐつわ》〟の抑圧体制がよほど強いのだろう。

「査問」の実態暴露者は党を除名されたり、離党者に限られているが、かつて日本共産党の「ナンバー4」と呼ばれた筆坂秀世氏（元常任幹部会員、書記局長代行、政策委員長）は同党離党後、「共産党からはめられていた猿轡」をはずして同党の〝内情〟を記した「日本共産党」（新潮新書　06年4月刊）の中で、「共産党は、党を離れた人間、党を除籍された人間をすべて『黒』にしてしまう。そして『自分たちだけが真っ白』だという。……国民は、日本共産党のそういうところに胡散《うさん》臭さを感じるのである」と記している。

もちろん、筆坂氏は「転落者」「裏切者」呼ばわりされた一人である。

●外面と裏の〝素顔〟のあまりの違い

それにしても、同党の「査問」によるあからさまな人権蹂躙・人権侵害は、日本共産党こそが、「前衛」記事で言う「表と裏の言動の落差」「建前と本音の違い」「国民への説明と実際の言動との相反」「外面と裏の素顔のあまりの違い」の党そのものであることを見せつけるものではないのか。「外面如菩薩内心如夜叉」とはまさに日本共産党自身のことであろう。

ここに挙げた、日本共産党による「拉致」「監禁」「査問」「リンチ」や、日本社会を震撼させたテロと暴力革命の武装蜂起・軍事闘争などは、同党90年余の歴史の中での、ごく一例にすぎない。前出の立花隆氏の「日本共産党の研究」や兵本達吉氏の「日本共産党の戦後秘史」には、同党が犯した犯罪的愚行の類が山ほど紹介されている。枚挙にいとまがないほどである。「前衛」記事執筆者は、それらを頭から毛嫌いして「反共」視するのではなく、真摯《しんし》に向き合い、自党を客観視する縁《よすが》にしたらどうか。

日本共産党は「21世紀の早い時期に民主連合政府を樹立する」と宣言している。その実現をめざすためには同党にこびりついた数々のマイナスイメージを解消する必要があるだろう。「査問の党」という陰湿・暗黒イメージの是正も、その一つの課題のはずだ。本当は、自らも過去に「査問」で暴力被害を受けたとされる不破氏が現職の党委員長として、日本記者クラブで「査問」に関する質問を受けた際、その実態調査と結果の公表を語るべきだったろう。

ところが、社会的批判を浴びることを恐れてか、また同党固有の隠蔽《いんぺい》気質が頭をもたげたからか、前述のように一遍の遁辞でごまかしてしまった。否、それどころか、兵本氏が告発したように、不破氏が党議長という最高首脳でいたその体制下で、白昼堂々「査問」が実施されていた。その後やったことは、「査問」では世間的に聞こえが悪いということからか、それを「調査」と名称変更して堅持しているのである。姑息な欺瞞的態度という以外にない。今後とも「査問」ならぬ「調査」による人権蹂躙被害は再生産されるだけだろう。

●「革命」政党に不可欠な「民主集中制」堅持

というより、日本共産党が共産党として存続するためには、「査問」制度は不可欠なのだろう。同党の組織原則である「民主集中制」は、「すべての党員は、党の決定を無条件に実行し、個人は組織に、少数は多数に、下級は上級に、全国の党組織は党大会と中央委員会の指導にしたがわなければなりません」(「共産主義読本」)とされ、同党規約にもその旨が明記されてきている。これは日本共産党のみならず、世界中の共産党の共通原則とされてきたものだ。この徹底した軍隊的な〝上位下達〟の制度により、党の決定を批判したり、異論は一切許されず、分派を作ることも厳重に禁止された。そしてこの鉄の組織原則を貫徹する手段として「査問」制度が設けられているのである。

しかし、民主集中制の帰するところは党中央絶対であり、独裁制のシステムであり、それは「党の統一を守るのには役立ったが、一方で党内民主主義を抑圧・破壊する」組織原則であるとして、イタリア共産党が1989年に放棄、スペイン共産党が91年に、フランス共産党が94年に放棄した。その後、90年代のソ連・東欧の社会主義崩壊、そして土台となるマルクス・レーニン主義それ自体の破産が明らかになったことにより、欧州各国の共産党と東欧9カ国の共産党は軒並み解党、崩壊、あるいは解散して新規出直しの道をたどったのだ。

●「共産政権下だったら、殺されている」と

今日、この「民主集中制」を堅持しているのは現存している四つの社会主義国（中国、北朝鮮、ベトナム、キューバ）の共産党と、ポルトガル共産党、それに日本共産党だけである。日本共産党は現に「党規約」にしっかり明記しており、同時にセットとなっている「査問」（＝調査）も堅持しているのである。その意味でも、日本共産党はまぎれもない独裁志向の「革命」政党であるということだ。

「もしわが国が共産党政権下だったら、自分は殺されている」――実体験者がそう口にし、畏怖した「査問」制度を堅持している日本共産党が、国民に向け満面の笑みを浮かべて「平和と民主主義の党」「人権の党」であるなどと振れ回る欺瞞的態度こそ、「外面如菩薩内心如夜叉」に他なるまい。

2 当面・9条完全実施（自衛隊解消）、先行き・改憲し「自衛軍創設」めざす矛盾

核兵器や弾道ミサイルなどの開発と拡散、各国間のパワーバランス（力関係）の変化、国際テロの脅威など、日本を取り巻く安全保障環境が大きく変化し、より厳しさを増す中、国民の生命と暮らし、国の平和と安全を守るには、どう備えたらいいのか――そうした新たな情勢に的確に対応できる国の防衛体制を築くための、安全保障法制整備に関する閣議決定が2014年7月1日、安倍内閣で行われた。

「国の存立を全うし、国民を守るための切れ目のない安全保障法制の整備について」と題する閣議決定である。それに基づき、政府内で新たな安全保障法制整備に向けて関連法案が検討され、近く国会提出の方向だ。政府・与党として、国民の生命と国の平和を守り抜くために、「万全の備え」として、切れ目のない国内法整備に取り組むのは当然のことである。

この取り組みに当たり、舞台となった与党協議会において、公明党は憲法の平和主義の原則を守るよう一貫して主張し、「7・1閣議決定」と、それに基づく「安全保障法制整備の具体的な方向性」についての与党合意（15年3月20日）に、公明党の主張が強く反映されたことは周知の通りだ。

上記の閣議決定に対しては、「現実を見据えた解決への一歩」（川上和久・明治学院大教授）、

「(憲法が許容する)個別的自衛権の今まで欠けていた部分を補完、拡充するもの」(劇作家の山崎正和氏)といった評価や肯定論は多々出された。

また公明党の取り組みに対しては「戦後日本の伝統である平和重視を体して、政府が不用意に跳躍するのをチェックしつつ、難しくなった安全保障環境に日本が堅実に対処するようリードしたと思う」(五百旗頭《いおきべ》真・熊本県立大理事長＝前・防衛大校長)、「公明党の取り組みは、日本の平和と繁栄にとって大いにプラスになったと評価したい。当初、安倍晋三首相の姿勢には前のめりの印象があったが、閣議決定は安定した仕上がりとなった。公明党が『平和』という立脚点を外さず、憲法との規範性、政府解釈との論理的整合性などを厳格に問い続けてきた結果だ」(小川和久・静岡県立大グローバル地域センター特任教授)、「公明党が〝平和の党〟として、憲法の平和主義を堅持しつつ、現実的な対応を行ったことを高く評価したい」(坂元一哉・大阪大教授)等々のコメントも寄せられた。

●「自衛隊違憲・解消」が共産党の政策

むろん、反対論、否定論も出されている。宿題や正すべき課題があれば、きちんと向き合うのは当然だ。建設的意見や真っ当な論評に対しては耳を傾けるべきだ。しかし中には、批判のための批判、悪罵《あくば》、罵倒《ばとう》の類もある。批評とか評論で問われるのは、論者の立場、基本的立脚点である。

日本共産党機関誌「前衛」(14年11月〜15年1月号)での公明党批判記事は、その点どうか。全63ページに及ぶ同記事中、23ページも割《さ》いて取り上げているのが、「7・1閣議決定」とそれに関する公明党批判である。しかしその内容たるや〝空疎〟の一語に尽きるのだ。なぜなら、最初から公明党敵視の立場であり、かつ日本共産党の安全保障政策の立脚点は「日米安保条約廃棄」「自衛隊違憲・将来解消」であり、今日の日本政府や公明党の安全保障政策と180度も違う正反対の立場に立っているからである。いわば二重の意味での否定形に立っている。

従って、初めに〝結論〟ありきで、あとはひたすら罵倒するのみである。公明党を貶《おとし》め、批判し罵倒するとの目的に合わせて、「閣議決定」批判の記事や論者のコメントをかき集め、それも自らに都合のいい部分だけつまみ食いするという、あざとい手法を駆使してだ。そこには一片の客観性もなく、ただただ悪罵・罵倒のみのプロパガンダ（政治的意図を持った宣伝）にすぎないのである。

例えば、こうである。「日本が海外で戦争する国＝海外での武力行使に本格的に道を開くことになった集団的自衛権の行使容認に、公明党が決定的に舵を切った」、「公明党は歯止めになるどころか、閣議決定の内容を主導するなど、自民党以上に罪深い役割を果たす結果となった」、『平和の党』という公明党の看板は、今回、集団的自衛権の行使を容認する以前から、『偽りの看板』だった」、「公明党の看板は早晩『平和の党』から『戦争の党』に塗り替えられることになろう」等々である。

●的外れな批判「海外で戦争する国づくり」

「7・1閣議決定」は、憲法9条の下で許される武力行使は、「わが国に対する武力攻撃が発生した場合」と、また「わが国と密接な関係にある他国に対する武力攻撃が発生し、これによりわが国の存立が脅かされ、国民の生命、自由及び幸福追求の権利が根底から覆《くつがえ》される明白な危険がある場合」も、これに当たるとしている。

この「わが国と密接な関係にある他国に対する

武力攻撃が発生」の場合も、武力の行使は「わが国を防衛するためのやむを得ない自衛の措置として初めて許容される」としており、あくまで自国防衛に限った措置である。外国の防衛それ自体を目的とした集団的自衛権は認めていない。「専守防衛」という、わが国の安全保障政策の基本は何ら変わっていない。

安倍首相も「海外派兵は一般的に許されないという、従来からの原則も全く変わりありません。自衛隊がかつての湾岸戦争やイラク戦争での戦闘に参加するようなことは、これからも決してない」「日本国憲法が許すのは、『わが国の存立を全うし、国民を守るための自衛の措置』だけだ。外国の防衛自体を目的とする武力行使は行わない」と断言している。国会答弁でも、同趣旨の見解を繰り返し表明している。「海外で戦争する国づくり」という日本共産党の宣伝は、的外れも甚だしいものである。

日本共産党は、PKO（国連平和維持活動）協力法制定の時も、「自衛隊海外派兵法」「アメリカの『世界の憲兵』戦略のために日本国民の血を流させるもの」などと大騒ぎしたことがある。1992年に日本がPKOに参加してから既に23年、PKOが国連の「平和の特使」とでも言うべき存在であることは国民周知の事実となっているが、独り日本共産党だけは以前の認識のままである。PKO協力法の制定を推進した公明党に対し、「前衛」記事では「海外派兵の道を開いた」などと攻撃してやまないのだ。度し難い時代錯誤《さくご》（アナクロニズム）という以外にない。

要するに「自衛隊違憲・解消」の立場に立っているので、こと自衛隊に関する法制や行動については、それが平和目的であれ何であれ、頭から反対し、否定するというのが、日本共産党の一貫した態度であるということだ。

●共産、現憲法制定に反対した唯一の党

日本共産党は、「21世紀の早い時期に民主連合政府を樹立する」との方針を掲げている。当初は「1970年代の遅くない時期に」ということであったが、遅れに遅れて既に40年以上経っている。その実現可能性の有無は別として、民主連合政府の段階で、まず日米安保条約を廃棄し、その後に〝憲法の平和的条項（9条）の完全実施〟名目で、自衛隊を解消するとしている。その時のわが国は、〝非武装・非同盟中立〟の「軍事的真空状態」となっており、もし万一、他国からの急迫不正の侵略が起きた場合、どうするか、ということが大問題となる。従来、同党は、「警察力の動員」と「国民の抵抗」によって対応すると説明してきた。同党の政策責任者を務めた筆坂秀世氏が、「当時、『竹やり』論などといわれた」（「日本共産党」新潮新書　2006年刊）と指摘しているように、非現実的な無責任論ということだ。

では、日本共産党の安全保障政策は以前から旧社会党と同様な〝非武装・中立〟の立場だったのかといえば、そうではない。同党の不破哲三・政治外交政策委員長（当時）らは旧社会党の「非武装・中立」論に対し、「批判をもっている」とし、「日本の自衛権の発動を縛ってしまうということに疑問を感ずる」「なぜわれわれの自らの手を縛る必要があるのか」（「〝社会党政権〟下の安全保障」毎日新聞社　1969年2月刊）と糾《ただ》していた。不破氏はまた、社会党の非武装中立政策の「決定的な弱点」として、「日本が『非武装』政策をとれば、『侵略される危険はなくなる』などという根拠のない〝希望的観測〟にもとづいて、……外国の侵略の危険から国の主権と独立をまもる自衛権の発動を将来にわたっていっさい否定してしまうことが、きわ

めて非現実的で観念的な空論であって、日本の安全と平和にたいして真剣に責任を負おうとする態度でないことは、明瞭」（「前衛」69年1月号）と指摘し、「無責任な議論」（同）と真っ向から否定している。あるいはまた、同党は「侵略をうけた民族や国が侵略を撃退するための自衛戦争を余儀なくされる場合があることは自明のことです」（「赤旗」92年6月13日付）とし、「自衛戦争」を当然視していた。

そもそも、同党は46年の制憲議会において、政党として唯一、現行憲法の制定に反対した。反対理由として、天皇条項とともに、第9条を真っ向から批判して、後に同党議長となる野坂参三氏が「われわれの考えでは、戦争には正しい戦争と不正の戦争との二種類がある。……戦争一般放棄という形でなしに、侵略戦争の放棄とするのが的確ではないか、と我々共産党は主張している」（簡略）と述べ、「自衛戦争」を認めるべきだと発言した。そして、第9条に対し、「一個の空文にすぎない」とコキおろし、「民族独立のためにこの憲法に反対しなければならない」と表明したのである。

●社会主義憲法下で「自衛軍」創設謳《うた》う

日本共産党の今日に至るまでの路線・政策の根幹となっているのは「61年綱領」（1961年制定）であり、同綱領では、現行の資本主義の枠内での「民主主義革命」の実現、それを〝連続的に急速にひきつづき発展させ〟て「社会主義革命」を実現させるという「二段階連続革命」論を掲げている。それに基づき、安全保障政策としてまとまった方針を発表したのが、「日米軍事同盟の打破、沖縄の祖国復帰の実現――独立・平和・中立の日本をめざして――日本共産党の安全保障政策」（「赤旗」68年1月8日付）と題する政策である。

同安全保障政策では、「現在の憲法のもとで国が軍隊をもつことは正しくない」としながらも、こう言明している。「将来、日本が、独立、民主、平和、中立の道をすすみ、さらに社会主義日本に前進する過程で、日本人民の意思にもとづいて、真に民主的な、独立国家日本にふさわしい憲法を制定するために前進してゆくことは、歴史の発展からいっても当然のことである。そして、そのとき日本人民は、必要な自衛措置をとる問題についても、国民の総意にもとづいて、新しい内外情勢に即した憲法上のあつかいをきめることとなるであろう」と。

そして、アメリカとの軍事同盟がなくなり、自衛隊も解散させた後の、日本防衛の問題について、「（共産党は）これまで、日本民族が、自国を外国の侵略からまもる固有の自衛権をもっていることを、否認したことは一度もない」「他のすべての主権国家と同じように、かちとった政治的独立をまもるために、必要適切な自衛の措置をとる完全な権利をもっている」と強調していた。つまり、現行憲法下の自衛隊は違憲であり、解散させるが、将来、自分たちが国家権力を握ったあかつきには、社会主義日本の憲法を制定し、「必要適切な自衛の措置」すなわち自衛軍を創設するとしている。

●共産政権擁護のための〝私兵〟的軍隊!?

その自衛軍も、「かちとった政治的独立をまもるために」を名目としていることは不気味である。共産党政権擁護のための「私兵」視されてもおかしくない。現に同党の宮本顕治元委員長は「人民の統一戦線政府を樹立した場合、反革命内乱者を反徒とよべることは、統一戦線政府にとって政治的にも法的にも有利だ」（「日本革命の展望」）と力説しており、日本共産党の革命政権下で発足する自衛軍は、反共産勢力を一掃するための強力な弾圧の手段として使用される恐れがある。

日本共産党は、73年11月の第12回党大会で決定した「民主連合政府綱領についての日本共産党の提案」でも、こう明記していた。「日本共産党は、将来、日本が独立、中立、民主の道を進み、さらに社会主義日本をめざして前進していく過程で新しい憲法が必要となったさい、国民の総意にもとづいて、最小限の自衛措置をとり、憲法上のあつかいもきめることを主張している」と。

不破氏の実兄の上田耕一郎外交政策委員長（当時）も、「民主連合政府のときはいまの平和憲法はいじくらない、……やがて社会主義へ進むときには国民の総意にもとづいてニッポン国は憲法を改正することになる。……そしていまの自衛隊は、それまでの段階ですでにクビ、つまり解散させられている。中立自衛のための軍隊をあらためて持つことになる」（「週刊サンケイ」臨時増刊73年3月6日号）と語り、自衛隊解散後に「軍隊をあらためて持つ」と明言している。

不破哲三委員長（当時）も、劇作家の井上ひさし氏との対談集「新 日本共産党宣言」（光文社 99年3月刊）の中で、「（自衛隊解散時に）日本の主権をおかすような相手があらわれてきた場合には、主権侵犯を許さず、あらゆる手段をつくして自衛の措置をとるのは、日本の国民が持っている固有の権利です。……異常な事態が、万が一にもすすみはじめたとしたら、そのときには、異常な事態に対応する特別の措置として、緊急に軍事力を持つなどの対応策をとることが必要になる場合も出てきます。憲法は『戦力』の保持を禁止しているが、異常な事態に対応する場合には、自衛のための軍事力を持つことも許される」とし、「自衛の措置」＝自国防衛戦争を当然視し、そのための「自衛のための軍事力を持つ」と明言している。

●9条完全実施（自衛隊解消）は〝過渡的〟と

不破氏は、かつてこうも言っていた。「もちろん、憲法の非武装政策や中立政策は恒久的な固定的なものではない。……国内で帝国主義の政治的・経済的基礎が一掃され日本帝国主義の復活の危険が消滅した時期に、自衛のための軍備の問題が日程にのぼってくることが当然予想されるが、この問題はおそらく社会主義憲法への全面的変革のなかで合法的に解決することができよう。その意味で『憲法の平和条項の完全実施』という政策はあきらかに過渡的性格を帯びている」（「現代の理論」第一次創刊号　59年）と。つまり、憲法の「平和条項（＝9条）の完全実施」は〝過渡的〟なものであり、「非武装・中立」は〝恒久的・固定的〟なものではない、社会主義憲法下で「自衛のための軍備」＝自衛軍創設という問題が起きてくる、と端的に述べており、同党の安全保障政策はその言葉通りの展開となっている。

上記のように、当面・現憲法擁護（平和的条項の完全実施で自衛隊解散）↓将来・現憲法廃止（＝9条廃止）し、社会主義憲法下で自衛軍創設――というのが日本共産党の確固とした革命戦略である。「中立・自衛（武装）」が同党の一貫した安全保障政策である。

●論理的に破綻の〝軽業師〟のような提案

日本共産党政権下で予定している安全保障政策がいざ断行されるとなれば、国内外に大激動を及ぼすことは必至であろう。日米安保条約廃棄一つを見ても、日米関係や国際社会に及ぼす影響は計り知れないものがある。

その上で、自衛隊を解消するとしており、同党の民主連合政府提案では、「防衛庁設置法、自衛隊法を廃止し、違憲の自衛隊をすべて解散させる。転職を希望するすべての隊員にたいし、階級、地位のいかんにかかわらず、平和産業や官公庁への転職を政府として保障する。退職金は全額支給することはもちろん、官公庁、自治体、企業側の万全の受け入れ態勢を法制化する」としている。現在約24万人いる自衛隊員の処遇や、所有する航空機や艦船、戦車、ミサイルなどの兵器・装備の廃棄処理等々、経費的にも事務処理的にも、ケタ外れの膨大なエネルギーを要する大事業であり、その実行がどれほど大変で困難なことか。

しかも、大苦労して自衛隊を解散しゼロにした後で、今度は新たに制定する社会主義憲法下で「自衛軍を創設する」としている。当然、新たな兵員募集や、新たな兵器・装備の調達問題が起きてくる。日本共産党は民主連合政府を「21世紀の早い時期に樹立する」との方針を掲げている。「早い時期」とは2050年までと、不破氏も筆坂氏にそう語っていたそうだ（「日本共産党」）。常識的にもそうだろう。予定している安全保障政策の実行には、10年、20年単位の大仕事となることを考えると、残されている時間はそんなに多くないはずだ。その意味でも、同党はどんな手順、計画で、その大事業を遂行するつもりなのか、早急に国民の前に具体的プランを示す必要があるのではないか。

それにしても、想像するだけでも、二度手間の、壮大なロスを生じることは必至であり、その非現実性・政策的不毛性は誰が見ても一目瞭然である。現に同党の政策責任者を務めた筆坂氏も、「……まずは『国民合意』で自衛隊を解散させ、そのあと『国民合意』で憲法を改定し、『国民合意』で新しい自衛軍を持つというのであるから、論理的には破綻した現実味の薄い〝軽業師〟のような提案である。だが、ともかくこれが、当時の共産党の一貫した立場であった」（「日本共産党」）と酷評《こくひょう》しているほどである。

ところで、筆坂氏は「おそらくいまの党員の多くは、こういう共産党の主張を知らないと思う」（同）とし、なぜなら1994年7月の第20回党大会で、「この立場の事実上の転換がおこなわれた」からだというのだ。しかし、「おそらく党幹部も含めて、この大会で事実上の転換がおこなわれたと理解している党員は少ないだろう。なぜなら、そのような説明がなされなかったからである」（同）と述べている。

●「中立・自衛」政策転換？　単なる偽装？

では、どのように「事実上の転換」がなされたのか。筆坂氏によれば、「『将来にわたって憲法九条を守る』ことを確認した。換言すれば、将来にわたって軍隊は持たず、侵略には警察力と国民の抵抗で対応するということである。これは従来の『中立・自衛』政策の事実上の転換といってよいものだった」（同）としている。

むろん、それは筆坂氏個人の私見であり、実際に同党が政策転換したのかどうかは不明だ。そこで問われるのは、筆坂氏が観測するように、日本共産党は従来の「中立・自衛」政策を本当に転換したのかどうかである。もし本当に転換したと言うなら、その理由は何か。なぜ、党大会という公式の席上できちんと説明し、転換したことを明言しなかったのか。政策の〝大転換〟を「党幹部も含めて理解している党員は少ない」ということは異常事態のはずであるが、そう思わないのだろうか。それとも、明言しなかったのは、実際には転換などしておらず、従って言葉に出して言う必要もなく、ただ口をつぐんで表向き隠しているだけなのか。そうだとすれば姑息《こそく》すぎるし世間を欺《あざむ》くやり方であるが、あえてて表から「隠す」理由は何か。

日本共産党はいま「憲法9条を守れ！」と盛大に叫んでおり、国民の前で〝護憲の党〟のフリをしている。しかし、元来の「中立・自衛」政策は、当面・護憲であっても、先行き・現憲法廃止（9条も廃止）し社会主義憲法を制定して自衛軍発足、を意味するものであり、目下の国民向けの大宣伝とまるで正反対の矛盾する欺《ぎ》瞞《まん》的態度だからではないのか。

もし本当に旧社会党並みの「非武装・中立」の立場に変わったと言うなら、それは日本の安全保障政策として丸腰の〝竹やり〟論の立場に立つことを意味する。果たしてそれで日本の平和と安全を本当に確保できるのか。旧社会党の非武装・中立政策に対し、〝自らの手を縛る〟と批判した問題点はどうなるのか。不破氏はこうも言っていたのである。「責任ある政権を担当する党としては、たとえ、万一の危険性、一パーセント、二パーセントの危険性であっても、それについての回答は持たざるを得ないだろうと思う」（「〝社会党政権〟下の安全保障」）と。その認識は間違っていたのか。

それに「警察力」で対処というが、警察本来の任務は交通整理や犯罪捜査といった国内治安であり、急迫不正の侵略に対処するというのはスジ違いだ。外敵侵略に対処する装備など保持しておらず、常日頃、侵略に備える訓練も教育も受けていない。国内治安任務も中止することになる。それで本当に大丈夫なのか。甚だ疑問である。

●ご都合主義的な「自衛隊活用」論

筆坂氏によれば、6年後の2000年11月の第22回党大会で、「またまた事実上の転換があった」とされる。「その引き金となったのは、二〇〇〇年八月二七日のテレビ朝日『サンデープロジェクト』だった。田原総一朗氏が司会で、自由党の小沢一郎党首（当時）と不破議長の討論がおこなわれた。ここで不破氏が、生放送中に自衛問題で小沢氏と田原氏に追い詰められてしまった」(「日本共産党」）からだそうだ。「敵が攻めてきた」時、「自衛隊がなかったらだれが（自衛の行動を）とるのか」という問題についてである。

そこで22回大会で、自衛隊が違憲の存在であるとの認識は変わらないものの、民主連合政府下でも自衛隊が一定期間存在することは避けられないとして、解消するまでの過渡的な時期に「急迫不正の主権侵害、大規模災害など、必要にせまられた場合には、存在している自衛隊を国民の安全のために活用する」との「自衛隊活用論」を打ち出した。筆坂氏によれば、「自衛隊活用論であると同時に、実は、事実上の自衛隊『容認』論への転換という意味合いをも持っていた」(同）としている。当時、筆坂氏は同党の政策委員長、書記局長代行で、同党内「ナンバー4」といわれた最高幹部の立場にあったが、それでも「事実上の」と述べているように、筆坂氏の個人的見解の域を出ていないようだ。党としての日本共産党の見解は、実際はどうなのか。筆坂氏の言う〝事実上の「容認」論への転換〟を肯定するのかどうか。恐らく同党自身は、否定するであろう。なぜなら、いままでの立論が全て総崩れするからである。

それに大体、日本共産党がいう「自衛隊活用」は、民主連合政府下では容認するが、民主連合政府以外の場合は、自衛隊は「憲法違反の軍隊」であるから「急迫不正の主権侵害に対しても一切使用せず」(１９９４年の第20回大会決定）と強調しており、その「活用」には反対する、自衛隊を使うべきではない、という立場である。

すなわち、自分たちの政府の場合だけは「憲法違反」でも目をつぶるというのだから、ご都合主義そのものである。また同党が「活用」する場合についても、有事の際の自衛隊の行動ルールを定めた有事法制に対し、同党は「戦争法規」として大反対したし、制定後もその廃止をずっと主張している。そのことにも一切目をつぶって、自分たちの政府の場合だけは〝超法規的措置〟として自衛隊活用は許されるというのだから、何とも虫のいい話である。

筆坂氏は、そのように曖昧模糊《あいまいもこ》とした日本共産党の態度を指して、「日本共産党の核とでもいうべき自衛隊政策が迷走している」「国の根幹に関わる安全保障、自衛隊問題でのこの無責任な迷走ぶりは、共産党がその自画自賛ぶりとは正反対に、とても政権担当能力など持ちえていないことの証である」（前掲書）と指摘している。筆坂氏ならずとも同党に政権担当能力があるなどとは誰も考えていないだろう。

●〝空理空論〟の志位委員長の希望的観測

ところで、日本共産党は、自衛隊を段階的に解消するとしているので、自衛隊活用はあくまで過渡期の一時的措置であり、やがて自衛隊は全て解消するということになる。その状態の時は「急迫不正の侵害」といった万一の事態はもう起こりえないと想定しているのだろうか。「自衛隊活用」論を打ち出した22回大会で、同党の志位和夫委員長は、そういう事態が起こることは、ほとんどありえないと考えている。「わが党は、そういう事態が起こることは、現実にはほとんどありえないと考えています。……『どこかが攻めてきたら』という机上の抽象論でなく、具体論で考えるならば、二十一世紀には可能になるというのが、私たちの確固とした展望であります。……日本の周辺の国・諸国ということを考えた場合に、アメリカ、朝鮮半島の韓国と北朝鮮、中国、東南アジア、ロシア――この五つの国・諸国と、民主的政権のもとで真の友好関係がつくられ、平和的関係が安定・成熟していく展望は、十分に根拠もあれば可能性もある現実的展望であるというのが、わが党の認識であります」と。

この志位委員長の言葉は、15年前の発言であるが、今も基本的に変わりがないのかどうか。「二十一世紀には……」としているので、仮に基調に変化なしとするなら、「急迫不正の侵害」は、「現実にはありえない」と断言している、その根拠は何か。また、日本を取り巻く諸国との間で「真の友好関係」「平和関係が安定・成熟していく展望は、十分に根拠もあれば可能性もある現実的展望」としているが、一体、どんな「十分な根拠」「可能性もある現実的展望」なのか、具体的に示すべきだ。もし単なる希望的観測だとするなら〝空理空論〟の謗《そし》りを免《まぬか》れない。自らの日米安保廃棄・自衛隊解消政策による「非武装・中立」を合理化するために、辻褄《つじつま》合わせ的に理想的展望を語っているとしたら、これほど無責任な話はない。「政権担当能力」云々どころではないだろう。

●志位氏と不破氏の〝認識の落差〟歴然

不破氏は、前出の「〝社会党政権〟下の安全保障」の中で、「非武装・中立」論に対し、繰り返しこう牽制《けんせい》していたのである。

「国際情勢は、いろいろ変化するもので、一国の立場だけで全部の情勢がとりしきれるものではない。いろんな変化、……予想されない事態が起こるのも国際情勢なんだ。……日本が独立し、中立になった立場で、日本の自衛権の発動を縛ってしまうということに疑問を感ずる」「米国を中心にした、帝国主義の勢力が、日本が軍事同盟から離れて中立になり、米国にとって思わしくない方向に進んでいくとしたら、日本に対していっさい干渉とか、侵略とかやってこないということを、いまから断言できるのか」「こちらさえ友好関係をとる態度をとれば、相手の方もそれに応ずるというふうに考えているのか」「日本の国内では、安定した政権が生まれたとしても、国際的には不安定な情勢が日本のまわりに生まれることはあり得る……世界からいっさい戦争や侵略の勢力がなくなっちゃえば、あり得ないといえるけれども……万一、その危険を想定した場合には、という議論が絶えず出てくる」……

不破氏は、より率直に、前出のように、「きわめて非現実的で観念的な空論」「無責任な議論」(「前衛」69年1月号)とも指摘しているわけだが、この不破氏の認識と、志位委員長の将来展望との間には、相当の懸隔《けんかく》がある。それでも「非武装・中立」で全く心配はないというのだろうか。

●「革命」実現の障害物・在日米軍と自衛隊

さて、日本共産党の場合、同党の路線・政策の土台、基本は、社会主義革命実現を目的とするものであり、そのための「革命」権力奪取にあることはまぎれもない事実である。むろん安全保障政策もその観点から策定されている。それに照らすと、同党がなぜ、日米安保条約廃棄・自衛隊解消＝「軍事的真空状態」の現出にあくまで固執するのかが分かるというものだ。つまり、社会主義革命をめざす上で最大の障害になるとみられるのが在日米軍と自衛隊だからである。

すなわち、同党はこう言っているのである。「わが国で革命の発展を展望する場合、けっして無視することのできないのは、日米安保条約にもとづく在日米軍の存在である」「統一戦線政府が樹立されたとしても、自衛隊、警察、さらに在日米軍などの暴力装置を中心に、国家権力の主要部分をにぎる米日支配層が、この権力を活用して必死の抵抗と反撃を組織しようと（する）」「アメリカ帝国主義と日本独占資本が、あらゆる手段をつかって、反帝反独占の諸政策の実行を妨害し、統一戦線政府の存続そのものを否定しようとする」（日本共産党中央委員会出版局発行「極左日和見主義者の中傷と挑発」＝67年4月29日に「赤旗」紙上に評論員論文として発表され、準綱領的文書とされ、党員学習の独習指定文献とされた。以下「4・29評論員論文」）と。

日本共産党が「革命」を遂行しようとした場合、日米安保条約に基づいて在日米軍と自衛隊が「一定の条件下で軍事的干渉にでる法的根拠がなお残されている」（同）ことから、これをあらかじめ排除しようということではないのか。

同党は、また、こう言っている。「日本革命の敵、アメリカ帝国主義と日本独占資本は、現在まだ強力で……それは一六万の警察力、二六万の自衛隊、それにアメリカの駐留軍、その他の国家機構によってささえられています。こうした米日支配層をうちたおして革命の勝利に至る……」（下司順吉・中央委員会幹部会委員「前衛」68年4月号巻頭論文）と。

つまり、警察力、自衛隊、在日米軍などは「革命の敵」をささえる暴力装置であり、「革命の勝利」のために暴力装置である警察力を縮小し、自衛隊を解体し、日米安保条約を廃棄して在日米軍を撤収させる、としているのである。全ては「革命の勝利」のためなのである。

同党は、あるいは、こうも言っている。「革命の根本問題は、国家権力の問題であり、日本を支配している権力を打倒し、あるいは排除して、それにかわる権力を打ち立てる場合、おもな敵がなんであるかを明確にすることです。……具体的にはアメリカ帝国主義者を日本から駆逐し、日本独占資本の支配を打倒することです。……日本人民が権力を握るにはアメリカ帝国主義を日本から駆逐しなければならない」（第17回党大会「日本共産党綱領の一部改正についての報告」で吉岡吉典・中央委員会常任幹部会員　85年11月21日）と。

いうところの「アメリカ帝国主義者」を象徴する実体は、日米安保条約に基づく在日米軍の存在であり、自衛隊や警察もその在日米軍に従属し事実上その指揮統制下に置かれているというのが、日本共産党の見解である。つまり、革命を遂行し、「権力を握る」には最大の障害となる「アメリカ帝国主義者」を「排除」「駆逐」することが欠かせないとしているのである。

●〝革命の足場〟作りが民主連合政府の任務

従って、日本共産党の民主連合政府の最大任務は、まず日米安保条約の廃棄とされているのである。そして、引き続き、現憲法の「平和的民主的条項の完全実施」、すなわち自衛隊解体であり、さらに同党が過去に行った武装蜂起・軍事闘争などの暴力革命路線を契機につくられた「破壊活動防止法」（破防法）や、デモ・集会の事前届出や許可制をうたう公安条例、警察官職務執行法（警職法）など一連の治安関係法令の廃棄、公安調査庁など治安関係機関の縮小・廃止、警察制度の「民主化」、官公労のスト権奪還、政治ゼネストの合法化などを指していることは論をまたない。

そのように、日本共産党がめざす「革命」の邪魔になる存在や法律をなくして、〝革命の足場〟を築くことこそが、民主連合政府に与えられた最大の任務・役割なのである。それが「61年綱領」でいう「民主主義革命」の実内容である。

●共産が使う「民主主義」、〝一般の用法とは違う意味〟

「共産党の用いる『自由』とか『民主主義』という言葉が、一般の用法とは違う意味で用いられている」（立花隆「日本共産党の研究」）と指摘されているように、同党がいう「民主的」とか「民主主義」なる言葉の意味内容は共産党の革命に直結したものということであり、「民主主義革命」とは、「それ自体社会主義的変革への移行の基礎をきりひらく任務をもつもの」（61年綱領）と明確に位置づけられているのである。

なお、日本共産党は、現在もなお「破防法」に基づく調査対象団体、すなわち「現行憲法秩序を破壊するような暴力主義的破壊活動をするおそれのある団体等についての調査」（尾崎道明公安調査庁長官、2012年3月28日の参院法務委員会）の対象とされている。「共産党が今の綱領を根本的に変え、社会民主主義政党になり、平和的に革命ができる政党になると言えば（破防法の）規制の対象から外されると思うが、それが分からないので、しばらくの間お付き合いを頂いている」（石山陽公安調査庁長官、1989年5月11日の参院予算委員会）とされているのだ。

●「革命」目的優先の党略的安全保障政策

冷戦終結後既に4半世紀を経ているが、日本を取り巻くアジアと世界の情勢はめまぐるしく変化している。「世界の中の日本」として、どう生きるか。日本の安全、国民の生命と暮らしを、責任をもってどう守るか。政党・政治家は、そこに最大の思いを致すべきだろう。

しかし日本共産党は、日本が置かれている現実から政策立案をするのではなく、自党の革命戦略、革命目的実現の都合に合わせて国の根幹となる安全保障政策を構想しているきらいが強い。国家的見地からではなく、一政党の私的な都合、党略的観点を優先させているところにこそ最大の問題点と欠陥があろう。

同党は、こうも言明している。「『労働者階級は、できあいの国家機構をたんにその手ににぎり、それを自分自身の目的のために使うことはできない』（マルクス）ということ、すなわち民主主義革命であろうと社会主義革命であるとを問わず、官僚的、軍事的な機構の破壊が、あらゆる人民革命の前提条件であるということは、マルクス・レーニン主義の革命理論の根本命題のひとつである」（前掲「4・29評論員論文」）と。

いうところの「労働者階級」とは共産党と同義であるが、そこに見られるのは国家機構への露骨な〝私物〟観である。同党は、その「革命」的見地から、「できあいの」軍事的な機構の破壊、すなわち日米安保条約廃棄・自衛隊解消を提唱しているのである。そして、「できあいの」軍事的機構の破壊後の、一時的な「非武装・中立」（＝軍事的真空状態）の現出、その後の「自衛・中立」という展開となっており、先行き発足させる自衛軍は「自分自身の目的のために使う」私兵的な色彩を帯びる存在となるだろう。

日本共産党の安全保障政策は上記のように、日米安保条約廃棄にせよ、自衛隊解消にせよ、全ては同党の「革命」目的実現を起点とするものであり、日本が置かれている現実に立脚しての政策論とはなっていないのである。

同党の政策責任者を務めた筆坂秀世氏が日本共産党の安全保障政策に対し、「竹やり論」「論理的に破綻した現実味の薄い〝軽業師〟のような提案」「無責任な迷走」「政権担当能力なし」などと指摘する、その現実離れした観念的・空想的な政策展開の根っこにある問題の所在はそこにある。

3 前衛政党と議会主義政党とは異質の〝水と油〟

公明党は1999年10月に自民党との連立をスタートさせてから、3年間の民主党政権時代を除き、今日まで既に12年余、連立与党の一員として、政権を担っている。連立政権の中で埋没することなく、政権内で「中道」の〝公明党らしさ〟を発揮している。自民党は大政党であるが、自公両党は共に連立のパートナーとして、互いに切磋琢磨《せっさたくま》し、相補い合い、合意形成を図り、政権運営に努めている。その意味では、相互補完、二人三脚といえるだろう。

それに関し、「前衛」記事では、平野貞夫氏らの主観的な著作内容などを盛大に引用して、公明党が「結党当初から一貫した自民党補完勢力」「自民党との〝二人三脚〟」であるとし、公明党を罵倒《ばとう》している。平野氏は衆院事務局職員を経て参院議員になったが、後日に民主党所属参院議員として公明党とは与野党に別れて政治的立場を異にした。「前衛」記事が引用している平野氏の著作は、政界引退（2004年）後の05年6月に相次いで出版された。当時野党であった民主党は自公政権打倒・与野党政権交代実現を最大目標としており、平野氏の著作はその目的に沿ったものと見なされるのが妥当であり、第三者の客観的論評とはいえない。

●独善的に他党を軒並み罵倒する傲慢

ところで、日本共産党による、公明党に対する、この種の「補完勢力」「二人三脚」論は今に始まったことではなく、以前から繰り返されているものである。

それというのも、日本共産党は、資本主義打倒・社会主義実現を至上目的とし、その革命戦略から〝自共対決〟なるスローガンを一貫して掲げてきている。同党固有のイデオロギー的対決図式から、一方に資本主義勢力の代表として自民党を置き、その対極に日本共産党を配し、その間に存在する諸勢力を「中間政党」呼ばわりしてきたのである。とりわけ中道グループと目される公明党や旧民社党に対しては常々「補完勢力」「二人三脚」論的批判を展開してきた。また日本共産党とイデオロギー的な距離が近いと目される旧社会党に対しても、同党が共産党に同調しなかったり、政策距離的に離れたり、自民党に少しでも接近していると見れば、「右転落」「自民党補完物」などの罵声を浴びせてきたのだ。要するに、自らを勝手に「絶対正義」の高みに置き、同党のイデオロギー的尺度や同党の立場を基準にして、共産党以外の野党を「自民党補完勢力」「自民党補完物」「第二自民党」「自民党の走狗《そうく》」「自民党の手先」「反革新」「エセ革新」「エセ野党」「右転落」などと口汚く叫び散らしてきたのである。独善的で、傲慢《ごうまん》な、思い上がった態度である。

●独断的、一面的な国家観、階級観

マルクス・レーニン主義を奉ずる日本共産党は階級国家観の立場に立っている。すなわち、「国家とは、もともと『階級支配の機関であり、階級が他の階級を抑圧する機関』（レーニン『国家と革命』）としてうまれたものであり、それは、『階級対立の非和解性の産物』です。これが国家の本質です」（日本共産党中央委員会出版局発行「共産主義読本」）と規定している。そのように、国家は支配階級（ブルジョア階級）のための機関であり、支配階級が被支配階級（プロレタリア階級）を押さえつけておくための制度・機構だとし、現代は「階級対立を単純にしたという特徴をもっている」「（敵対する二大階級に）ますます分裂していく」（「共産主義読本」）と見ており、しかも二大階級は「非和解的」としている以上、革命実現のためにはプロレタリア階級がブルジョア階級を「打倒し、絶滅する」（レーニン「国家と革命」）というのが同党の革命戦略である。

●支配階級の「打倒・絶滅」めざす革命観

従って、同党からすれば、日本における支配階級・ブルジョア階級の代表は自民党であり、その打倒・絶滅対象の自民党と関係を持つ政党は〝通敵行為〟と映り、自民党の手先・走狗・共犯者・同調者であるとして断罪視するのだろう。まことに独断的で一面的な国家観・階級観であり、全てをオートマチックに黒白二分で「敵・味方」に還元する排他的画一的な独善主義だ。「前衛」記事が自民党と公明党の関係について延々と取り上げ、いかにも問題あり、問題ありと、目くじら立て騒ぎ立てるのは、そんな特殊な思考図式の反映だろう。

日本共産党は、自民党を、例えば「米日反動勢力の支配の代弁人、走狗であり、不正と腐敗、政治反動とファシズム、売国と侵略の党」（「前衛」1967年1月臨時増刊号）などと最大級に罵倒してきた。しかし、「中道」の公明党は、自民党に対し、共産党のように、そんな〝諸悪の根源〟〝反動の権化〟視する態度をとってはいない。同党におけるような、イデオロギー敵、階級敵、「革命」敵といったネガティブな壁や垣根など設けていないのである。

野党時代、公明党は「反自民」「非自民」を唱えたが、それは政権交代なき長期自民党一党支配に対してである。自民党による政権独占は政治の腐敗、停滞、政策的硬直化などをもたらすものであり、従って自民単独政権打破・与野党政権交代実現を求めての反自民、非自民のスローガンであった。93年の細川連立政権実現について、公明党が政局転換の先頭に立つ役割を演じたのもそれ故だ。

　ただし、自民党自体については、比較第一党として、政権党として、国民多数が長年支持してきたことは客観的事実であり、それはそれとして尊重してきた。その存在を、共産党のようにイデオロギー的に、革命戦略的に全否定し〝不《ふ》倶戴天《ぐたいてん》〟視する態度はとっていない。自民党に対し〝是は是、非は非〟として対応してきた。同党の金権腐敗現象などに対しては誰よりも厳しく批判・追及してきたことは周知の通りである。

　また、公明党の政策・主張と全部が全部一致していなくても、自民党政権による「原案素通り」を許すよりは、国民生活にプラスになることを一つでも二つでも勝ち取る方がベターであり、価値的であると考え、予算案や法律案で自民党との修正協議を行ってきたこともある。公明党は、政治とは、また政党とは、あくまで国民生活に一歩でもプラスの価値を現実に生み出すべきであると考えてきたからだ。公明党が自民党と捨て身で交渉して実現させた「非核三原則」の国是もそうした対応によって可能となったものである。だが、日本共産党はそれがかかった衆院本会議をボイコットし、事実上反対した。同党のように、棒を飲んだようにただ反対するだけでは何も生まれないが、現体制を変えないかぎり何も問題解決しないとする体制還元主義の立場から、目の前の現実・現状を一歩でも現に改革しようとする立場を「修正主義」「改良主義」などと蔑視《べっし》・罵倒してきたのである。

●中ソの核実験「防御的・正しい」「断固支持」と擁護

そのような歪《ゆが》んだ思考パターンからか、公明党が「非核三原則」を実現させたことに対しても、「前衛」記事は言いがかりをつけているが、核開発・核実験について日本共産党が過去にどういう態度をとったか、少しは自らを見つめたらどうか。同党は「資本主義国の核兵器は侵略的で、社会主義国の核兵器は防御的」との立場に立ち、ソ連や中国の核実験を「断固支持する」「正しい」などと評価した。アメリカの核は〝汚い核・汚い死の灰〟、ソ連や中国の核は〝きれいな核・きれいな死の灰〟だといわんばかりに叫んで、世間の物笑いになった。しかも、その歪んだイデオロギー的立場を大衆運動の中に持ち込み、「平和の敵はアメリカ帝国主義。友と敵を区別せよ」「いかなる国の原水爆にも反対ということは、帝国主義と社会主義、戦争勢力と平和勢力を同列視する誤りを含み、日本の原水禁運動の正しい発展を阻害し、真の敵を不明確にする」などと叫び散らして、日本の平和運動や原水爆禁止運動を大混乱させ、分裂させたことは歴史的事実である。その犯した罪は誠に大きいが、日本共産党の責任についてどう思っているのだろうか。

前述のように、「中道」の公明党は野党時代、〝是々非々〟路線を取り、政権党の自民党とは、法案等の修正協議や合意形成、党独自の政策主張の実現要求や種々の申し入れなどを含め日常的に接触、折衝、交渉、協議といった諸活動、諸側面を伴うことになるが、日本共産党から見れば、それらの全てが気に入らず、「補完」「二人三脚」「反革新」「エセ野党」「反国民的」「走狗」「手先」などと映るのだろう。己の立場だけが絶対正しいという、傲慢で、思い上がった態度である。逆に公明党から見れば、反対・抵抗でしか自らの存在意義を示せない頑迷《がんめい》・硬直的な〝万年野党〟体質の救い難い病理をそこに見るだけである。

「前衛」記事では、平野氏の主観的・一方的な記述をタテに、87年の消費税国会で、公明党が「自民党の国会運営に全面協力した」とか、予算委員会開会や、採決での本会議出席などをヤリ玉に挙げて、公明党がいかにも消費税問題を党利党略の具として扱ったかのように描いているが、とんでもない話である。

公明党は、88年の竹下内閣での消費税初導入（税率3％）の際、民社党とともに本会議に出席して堂々と反対した。社会、共産、社民連の3党は本会議をボイコットした。その際、公明党は本会議出席に当たり、自民党側からの譲歩を引き出すべくギリギリの交渉を続けた結果、当時、戦後最大の贈収賄事件として大問題となっていたリクルート事件解明のための、焦点となっていた江副浩正リクルート社会長ら3氏の証人喚問実現、株譲渡に関わった政治家全リストの公開、衆院にリクルート問題調査特別委員会設置の〝3点セット〟を実現させたほか、4年後のキャピタルゲイン等の総合課税移行、退職金大減税（30年勤務で従来の非課税枠1000万円から1500万円に拡大）、寝たきり老人介護家庭への扶養控除拡大（＝減税）、また3年間でホームヘルパー倍増、ショートステイ・ベッド4倍増、デイサービス施設4倍増など、数多くの大型修正を実現させたのである。特にリクルート事件解明に果たした役割は大きく、時の竹下内閣は直後に退陣に追い込まれたのである。

●議会は「宣伝・煽動・暴露の演壇」と

重要法案への対応として、社会党や共産党は度々〝本会議ボイコット戦術〟を繰り返してきたが、そこから何が生まれたか。結果的に、自民党政府の「原案素通り」を許すだけではなかったか。〝強く反対した〟との国民受けを狙ったポーズは示せても、自民党側から何らの譲歩も引き出せず、自己満足に終わるケースが多かったのではないか。

そもそも議会政治は本来、審議・討論の場であり、審議拒否乱発や対決一辺倒の場ではない。合意形成、話し合いこそ本義であるはずだ。〝与党と没交渉〟や審議拒否戦術が正しいかのように見立てる日本共産党の立場は、見当外れも甚だしい。合意形成や修正協議の与野党折衝、与野党協議を「癒着《ゆちゃく》」「妥協」としか見られないのは、同党にとって議会とはそもそも「宣伝・煽動・暴露の演壇」「革命の条件を有利にするための道具」などとする、マルクス・レーニン主義的な歪んだ議会観の反映であろう。

仮に、本会議や予算委員会の出席に応じることが、まるで「制度作り」への加担とか政府・与党への協力であるかのように見なす同党流の論法に従えば、例えば福田康夫内閣時代、野党の民主、社民、国民新の3党は本会議をボイコットしたのに対し、共産党のみ出席して反対の態度表明したケースは何だったのか。2008年5月の揮発油税の暫定税率維持の税制改正法案（08年4月30日）、福田内閣不信任案（08年6月12日）、経済危機対策を盛り込んだ09年度補正予算案と関連の税制改正法案（09年5月13日）……などであるが、それらについて同党はどう説明するのだろうか。公明党に関してだけは、出席し反対の態度表明をしても、「加担」「協力」であると言い張るのだろうか。論理矛盾も甚だしいへ理屈だ。

●日本の左翼政党「周回遅れのランナー」

消費税に対し、公明党は12年の野田内閣での再引き上げ（8％、10％）に際しては、当時、野党であったが、年々増大する社会保障関係費の財源確保のために、やむを得ない措置として、賛成した。一度も与党経験がない日本共産党だけは、消費税や社会保険料の引き上げに全反対してきた。「何でも反対」の同党らしいが、即それは同党の無責任性を物語るものであろう。

同党が示す「消費税10％　きっぱり中止」なる「対案」――富裕層や大企業への優遇を改めるとか、大企業の内部留保の一部活用などの提案だ。一方で、社会保障関係について、「年金削減をストップし、低年金を底上げする」「国の責任で、高すぎる医療費の窓口負担や国民健康保険料の軽減」等々の〝給付は増やせ、負担は減らせ〟と訴えるが、その財源手当て案を含め、それらが経済合理性や実現可能性の観点から、真に検討に値するものかどうかは、問うまでもない。共産党関係者以外からは誰からも相手にされない、単なる国民受け狙いの域を出ない、非現実的提案であるといっても過言ではない。以下の一文は、一ジャーナリストの指摘であるが、日本共産党にそのまま当てはまるのではないか。

「21世紀の日本の福祉は……常識的に考えれば、福祉にかかる金を抑え、他の支出も切り詰めつつ、段階的に増税してゆくしか選択肢がないことは、誰の目にも明らかなはずだ。日本の左翼および左翼支持者は、なかなかこの現実を認められない。弱者の味方を自称しながら、弱者こそ切実に必要としている福祉を、維持さらに拡充するには増税しかないという単純な理屈から目を逸らし続けてきた。……社民党、共産党といった左翼政党は『大企業や富裕層に対して増税すべきだ』という見当はずれのことを叫んでいる。……ヨーロッパの福祉先進国にせよ、21世紀に入ると少子高齢化と税収不足に苦労しているところが多い。日本の左翼政党はすでに周回遅れのランナーといえる。税金はアメリカ並みに安く、福祉は北欧並みに手厚く。それが希望なら、もはや魔法使いでも連れてくるしかあるまい」（及川智洋・朝日新聞記者「左翼はなぜ衰退したのか」14年10月刊）

●「人民的議会主義」は複数政党制認めず

「前衛」記事は、日本共産党が得意とするウソ、デマ、でっち上げが随所に散見される。

例えば、「党大会の委員長報告の原稿を参院事務局の職員に書かせる」というのも全くのウソである。そんな事実は一切ない。悪質極まるデマである。また1989年10月30日に公明党が発表した「野党四党による政権協議への基本的見解」（マスコミ等で「石田ビジョン」と呼称）について、〈「石田ビジョン」のゴーストライターも平野氏だった〉などとも書いているが、これも真っ赤なウソである。公明党が発表した「基本的見解」は平野氏とは一切無関係であり、公明党内で独自に作成されたことはいうまでもない。公明党を貶《おとし》める悪質なデマである。

ところで、「前衛」記事が、わざわざ「石田ビジョン」を取り上げるのは、その趣旨を歪曲して「議会制民主主義を否定し、戦前の大政翼賛会を現代に再現させるような主張」とコジツケ、公明党を反議会主義の政党であるかのように描こうとしているためのようだ。もちろん公明党は現行憲法下の議会主義の立場に立つ政党であり、それを否定するような見解を発表するはずもない。反議会主義というのは日本共産党の方ではないか。

同党は「人民的議会主義」をめざしており、それは複数政党制・政権交代を前提とし制度化した現憲法下の議会制民主主義を否定し破壊して、その上に築くとするものであり、通常一般に言う議会主義とは全く異質の、正反対の立場なのである。共産主義研究家の兵本達吉氏は、こう指摘する。

「いくら『人民的議会主義』といって議会の上に『人民的』という形容詞をつけてみても、共産党は議会主義の政党ではないということである。共産党は、あくまでも革命のための政党であり、革命のため、人民を指導（リード）する政党であって、議会の中にあって、議会活動を主眼とする議会主義政党とは、根本的に違う政党なのである。……『木に竹を継ぐ』という言葉がある。日本共産党という前衛政党と議会主義政党とは異質のものであり、水と油のように混じり合うことはない。議会主義という言葉の上に、いくら『人民的』という形容詞を載せても無駄である」（「日本共産党の戦後秘史」）と。

さて、公明党が発表した「石田ビジョン」は、当時の与野党政権交代実現に向けての、野党4党（社会、公明、民社、社会民主連合）間の「政権受け皿」作りのための連合政権協議を行っていた際、野党第一党の社会党に対し政策面での「現実化路線」への転換を促すものであった。すなわち政策面で社会党以外の3党間ではほぼ一致をみていたが、しかし最終的に残った四つの基本政策について社会党は〝日米安保反対・自衛隊違憲・反原発・北朝鮮一辺倒で韓国と没交渉〟の立場であり、他3党間とはかなりの相違があった。そこで同党に対し現実化路線への転換を促し、のみならずこの時点でなお同党「規約」前文に「社会主義革命を達成し」と謳《うた》っていたように、同党が引きずってきたマルクス・レーニン主義的な「政策・路線の背後にある理念、世界観」の転換こそ、問われている本質である、と訴えたものである。

そのように論述するに当たり、「石田ビジョン」では、「野党に問われるのは……今日までなぜ与野党政権交代が実現できなかったかを真摯《しんし》に見つめ、この克服に努力することが重要である。それは野党が多数を形成し得なかったという『数』的側面の問題というより、政権交代を不可能としてきた『質』的側面に目を向けることである」と述べ、こう論じた。「議会制民主主義は本来、適宜な与野党政権交代を前提とする。ただし、議会制民主主義が機能するための不可欠の要件として、議会内諸政党間に、国の在り方に関する理念の共有が前提になければならない。言葉を換えれば、根本の政治観ないし世界観についてのコンセンサス（全会一致）が存在することである。そのコンセンサスから発する国家の枠組み、国政の基本方向、基本政策についての共通性、同質性が欠かせない。わが国に関していえば、西欧型の自由と民主主義を基調とする政治・経済体制での一致や、外交・安全保障政策での共通性などであるが、そうした〝共通の土壌〟あるいは〝共通の基盤〟の上で、内外の変化や国民の意思を反映して与野党政権交代が行われ、議会政治の在り方としても理性を尽くした審議・討論により国民的見地で合意形成を図るのが、本来的な姿である」と。

●共産党は連立・連合の対象外の党

日本共産党が、「前衛」記事が、今日から25年余前に発表された「石田ビジョン」に今さらながら目くじらを立て、反発するのも、肯《うなず》けるというものだ。同党は一貫して、公明党が主張した〝共通の土壌〟のらち外にあるからである。当時の野党政権協議で共産党が対象外とされたのも、その故である。日本共産党以外の政党は、その後、連立政権という形態ではあるが、いずれの党も政権担当を経験している。しかし、日本共産党だけは一貫して蚊帳《かや》の外である。同党は、公明党以外の党からも、〝共通の土壌〟のらち外の党とみなされている証左であろう。

ところで、公明党が「石田ビジョン」を発表した25年前当時、与野党政権交代の実現が野党各党にとっての最大テーマだった。「反共産主義」を党是としていた民社党は、最初から「共産党除外」を明確にしていた。公明党は野党間の政権共闘のあり方を模索する中で、元々は日本共産党の側から仕掛けられたものであるが、公・共「憲法論争」を行い、その結果として、日本共産党を連合政権のパートナーの対象外と判断した。

●共産党は当面〝護憲〟、先行き〝改憲〟の党

公明党は、野党間の共闘態勢を作るに当たり、綱領や将来展望、立党精神を異にする各野党が連合して政権を作る以上、単なる「政策の一致」だけではなく、「政権構想での大枠の一致」、つまり相協調し合う最大公約数的な〝共通の土俵〟〝共通のルール〟が必要と主張。その共通の土俵、共通のルールとしての要素が集約されているのが憲法であり、考え方の異なる野党間の最大公約数的な共通の土俵として、憲法改正を必要とするに足る時代や社会、国民総意の変化がないかぎり、現行憲法を将来ともに擁護すること、とりわけ現憲法の骨格をなす「憲法三原理」(恒久平和主義、基本的人権の尊重、主権在民)は人類の長い歴史の試練を受け、試《ため》され、確認され、戦後の日本国憲法に受け継がれた人類普遍の原理であり、日本が平和国家、民主国家として生き続けるために将来にわたって擁護すべきであるとし、そのことを大前提に据《す》えるべきだと主張したのである。

実際、今日は連立・連合の時代であるが、その連立政権が国家像・政治体制や重要基本政策での合意を欠く〝同床異夢〟状態なら、政権基盤は甚だ不安定となり、内部抗争や分裂の芽を

はらみ、政権混迷・挫折の危険性を内包するだろう。現にそのことは〝党内バラバラ〟の民主党政権の失敗例が見せつけた通りである。

公・共「憲法論争」の詳細は省《はぶ》くが、ここで明らかにされたことは、日本共産党は「当面〝護憲〟、先行き〝改憲〟」の党であるということ。当面めざす「民主連合政府」では〝護憲〟を掲げるが、その先に描く「民族民主統一戦線政府」では現憲法を廃棄・破壊し、現行憲法の三原理とは全く異質かつ正反対的な社会主義の原理・原則に基づく別個の憲法に作り変え、わが国の国家機構や国会制度、裁判制度などを根底からひっくり返して、「日本人民共和国」「民主共和国」を樹立するとの方針を決定しているということである。

その「人民共和国」「民主共和国」にするという、共産党が描く社会主義革命の姿とはどういうものか。同党の説明によれば、「経済的土台から上部構造まで」の一切、すなわち、これまでの国家社会の一切全部――政治、経済の機構、制度のみならず、「精神生活も、そのありかたが根こそぎに変革される」という「社会の根本的変革」（日本共産党中央委員会発行「月刊学習」68年3月号）をめざすとされるのだ。

●全国家権力握り、日本を「人民共和国」に〝改造〟

そのためには当然、強大な権力が必要となる。同党の説明によれば、「社会主義の国家権力は……プロレタリアートの独裁であって、この権力は反革命勢力を抑圧しながら……社会の規律を維持し、社会の成員を一層たかい共産主義的人間に改造してゆく使命をおびる」（日本共産党中央委員会出版部発行「日本共産党100問100答」）とされる。同党はまた「……この独裁権力をテコにして社会主義建設をすすめる」（「共産主義読本」）としているが、このプロレタリアート独裁（＝プロ独裁）の権力について、レーニンは「直接に暴力（軍事力、警察力＝引用者注）に立脚した権力」「いかなる法律にも法規にも束縛されない無制限な権力」「他の何人とも分有を許さない権力」と説明している。

その説明の如く、共産党のめざす革命とは、単なる政権獲得ではなく、全国家権力の掌握――つまり、政府、裁判所、軍隊、検察、警察、監獄、国税庁、税務署、マスコミなどのすべてを握り、その権力をテコに現行憲法を改変して、国家機構や国会制度、裁判制度などを根本的に変えてしまい、わが国を「日本人民共和国」にするというものである。さらに国民の思想面においても、「全人民を社会主義的に改造」（「共産主義読本」）して「全人民を組織」（同）し「社会の成員を一層たかい共産主義的人間に改造してゆく」（「日本共産党100問100答」）とし、あるいは、「すべての人びとが共産主義の道徳を身につけ」（「共産主義読本」）ることを目標としているのである。

●連立・連合と相容れぬプロ独裁

そのような超絶対的な「プロ独裁」権力下で、かつ「全人民を社会主義的に改造」「共産主義的人間に改造」するとされる社会で、基本的人権の中核である「思想・良心・信条・信教・言論・出版・集会・結社の自由」が一体どこまで認められるのか。「異論」や「反対党」の存在がどこまで許されるか。甚だ疑問である。ひとたび「反革命勢力」と判定されれば、たちまち「抑圧」の対象とされかねない。「複数政党制」など全くのお飾りでしかあるまい。

公明党は、そのように公・共「憲法論争」の結果として、共産党は〝共通の土壌〟のらち外の党、つまり自由と民主主義の保障、議会制民主主義にとって不可欠な複数政党制の保障についても重大な疑念がある、また「連立」「連合」とは根本的に相容《あいい》れない「プロレタリア独裁」主義に立脚している、さらに政策面でも同党との間に大きな相違があり過ぎることなどから、政権を一緒にやっていくことはできないと判断したのである。

前出の兵本達吉氏によれば、「もともとマルクス・レーニン主義というのは、暴力革命の理論である。それは階級闘争を徹底的に突き詰めていって、最後には暴力で権力を取ること、そして一旦《いったん》権力を奪取したら、暴力を無制限に行使して、革命の敵を粉砕すること、肉体的にも抹殺すること(プロレタリアートの独裁)である。議会を通じて権力を獲得するという西欧のマルクス主義は、社会民主主義という別の流れの社会主義であって、日本共産党は党創立以来、これを敵視し、目の敵にし、主要な打撃をこれに加えよと言ってきた」(「日本共産党の戦後秘史」)と端的に指摘している。

日本共産党は、そのように、どこから見ても普通の意味で言う議会主義政党では全くなく、公明党が「石田ビジョン」で与野党政権交代実現のために欠かせないとした、前記の〝共通の土壌〟のらち外にある政党だということは明白である。その構図は、今日でも何ら変わっていない。

●綱領全面改定とは名ばかりの〝擬態〟

日本共産党は昨今の数次の党大会で綱領や規約の「改正」を行い、「プロレタリアート独裁」を、「プロレタリアート執権」と訳語変更し、さらに「労働者階級の権力」に言い換えたり、「マルクス・レーニン主義」を「科学的社会主義」に置き換え、あるいは革命の党を意味する「前衛」という言葉を規約から外し、また「社会義革命」という用語もできるだけ使用を避け、「査問」を「調査」に言い換えるなど一連の〝用語いじり〟〝訳語の変更〟に精を出した。上辺だけは「普通の党」の〝顔つき〟をするということなのであろう。

そうした日本共産党のスマイル作戦、ソフト・イメージ戦略の集大成と目されたのが第23回党大会（２００４年1月）での四十数年ぶりの同党綱領の「全面改定」であったが、それに対するマスコミ論評は、「穏やかな表現に変えたが、根本の路線はそのまま」「全面改定とは名ばかり」（「読売」社説）、「資本主義体制の転覆を狙う『革命政党』の本質は何一つ変わっていない」（「産経」主張）などと評した。

同綱領改定案が出された前年6月時点でも、「『社会主義・共産主義への前進』との基本方針を放棄したわけではない」（「朝日」）、「『革命路線』の根幹には手をつけず、文書の表現を全面的に書き改めて『現実的』『柔軟さ』をアピールするという腐心の見直し案」（「毎日」）、「マルクス・レーニン主義は堅持したまま」「現綱領の基本は変わっていない」「綱領を改定しても、共産党の持つ独善的とも言える体質は維持され、〝化粧直し〟にとどまるとの見方が強い」（「読売」）、「衣の下にのぞく〝よろい〟」「『革命政党』としての本質を変えるには至っておらず……擬態としか思えない」（「産経」）などと論評された。

●革命政党の根本路線は変わらず

そうした見方は当然だろう。04年の同党綱領の「全面改定」を主導した不破哲三議長（当時）自身が、それまでの綱領（「61年綱領」＝１９６１年制定）について、「綱領の基本路線の正確さに確信を持つ」とし、「綱領の基本路線は四十二年間の政治的実践によって（正確さは）試されずみ」と語り、あるいは「綱領路線の……

正確さ、的確さは、それ以後四十年を超える情勢の進展とわが党の活動のなかで実証されてきました。今回の綱領改定は……この基本を引き継ぎながら……前進させたもの」と説明しているからである。綱領改定の趣旨は、「私たちがその正確さに確信をもっている綱領の路線が、文章の上で、国民だれでもが読んで分かるかのような形で表現されているかというと、その基準から見るとまだまだ問題点があります」（不破哲三「報告集・日本共産党綱領」日本共産党中央委員会出版局発行）とし、〝国民が読んで分かるような表現にする〟ために改定するのだとしている。要するに、〝用語いじり〟〝訳語の変更〟と同じ線上の、単なる〝化粧直し〟であるということだ。

「革命」路線の基本に変わりがない以上、同党は前述のような〝共通の土壌〟〝共通の基盤〟のらち外の党であるとの構図に、今日も何ら変わりがないということである。

なお、月刊「公明」での連載・公明党の「50年史」でも触れたように、日本共産党は、同党側から公明党に仕掛けてきた「憲法論争」において、公明党は共産党からの質問項目に全回答したのに対し、共産党は公明党から出した質問状の七〇項目二〇〇余問の質問項目に回答不能状態となり、「こんにちに至るまで」の40年余、口をつぐんだまま未回答を続けている。全く不誠実で恥知らずな態度であることを、改めて指摘しておこう。

●憲法原則と無関係の〝エセ政教分離論〟

「前衛」記事では、公明党と創価学会の関係についても、歪曲して不当な中傷を行っている。かつての離党者らの一方的な言辞を拾い集めて、やれ「支配―従属関係」だの、「創価学会による、創価学会のための、創価学会の党」などと悪宣伝し、さらに「創価学会が公明党の存在をとおして権力を左右し、左右するだけでなく権力の側に身をおいて、その影響力を拡大することである」とまで愚にもつかぬ妄想をエスカレートさせている。

「創価学会のための党」などというのは、共産党が以前から叫んでいる〝つくり話〟にすぎない。同党のそんな愚論・迷論の根っこにあるのは、同党が憲法原則とは無関係な〝エセ政教分離論〟の立場に立ち、公明党と創価学会の関係を「政教一致」と決め付けていることである。

周知のように、憲法第20条の政教分離原則とは、国家と宗教の分離、国家権力と宗教（団体）の分離ということであって、信教の自由を保障するために、国家は宗教に介入、関与してはならないということを規定したものであり、従ってそれとは次元の違う、政党と宗教団体、公明党と創価学会の分離などでは全くない。それは、現憲法制定以来の政府見解、最高裁の判示、わが国憲法学界の通説（多数説）として既に定着している。

ところが日本共産党は、そうした憲法の政教分離原則を全く無視し、政教分離の「政」を政党＝公明党、「教」を宗教団体＝創価学会とコジツケ、両者の関係を「政教一致」「政教一体」とずっと騒ぎ立てているのである。そして、今回の「前衛」記事のように、やれ「支配―従属関係」だ、「創価学会のための党」などと触れ回り、いかにも政教分離原則違反であるかのように悪宣伝しているのである。

この点について、例えば、江橋崇・法政大教授（現名誉教授）は「公明党と創価学会の問題というのは、本質的に憲法問題ではないのです。……極端なことを言えば、仮に公明党が、直接的であれ間接的であれ、一つの宗教団体に支配されていたとしても、そして、そうした性格を持つ政党として公明党が政権に参加したとしても、それ自体は憲法的には全然、問題がありません。……憲法上の問題にはならないのです」（「公明新聞」１９９９年9月25日付）と明言している通り、公明党と創価学会の関係は、憲法上全く問題となっていないのである。

もちろん、公明党と創価学会の関係は「支配―従属」などというものではなく、政党とその支持団体であり、両者は組織的・制度的に明確に分離されている。党運営や人事、財政、政治・政策判断等はもちろん党が自主的・主体的に決定している。そして、「党綱領」に明記しているように、公明党は「開かれた国民政党」として、特定団体や一部の利益を代表する党ではなく、国民全体に奉仕する党である。特定思想に基づいて、一般国民大衆を「プロレタリア階級」とか、「ブルジョア階級」などと階級的に区別し、二つの階級は「非和解的」であるとし、一方の側を〝打倒〟対象として、差別的に扱うとするような階級政党ではないのである。

それに公明党は衆人注視の中で政治を行っている。まして政権与党の一員となれば、その一挙手一投足まで凝視され、チェックされる。国益・国民益に適《かな》っているかどうかが厳しく問われ、何事にも与党としての責任が加重されてくるのだ。某「革命」政党におけるような、〝本心を隠すソフト・スマイル戦術〟〝衣の下によろい〟などと巷間ささやかれる有り様とは全く無縁である。先に挙げた「前衛」記事の〝愚にもつかぬ妄想〟の類は、政治のリアリズム、民主主義政治のイロハすらもわきまえぬ愚論であろう。

●「前衛」記事の愚論、コジツケ

ところで、「前衛」記事は、月刊「公明」に連載の「50年史」の記述を引き合いに出し、見当違いのコジツケを行っている、すなわち、50年史（「公明」２０１2年11月号の連載②）では、池田大作公明党創立者（当時・創価学会会長）が１９６２（昭和37）年の公明政治連盟第一回全国大会で公明議員に示した「大衆とともに」の指針について紹介し、「公明党の原点として、党そのものの在り方はもちろん、公明党議員一人ひとりの在り方・生き方の重要な指針として重く受け止め、深く銘記すべきであろう」と記した。また連載③（同12年12月号）では、党結成の際、まだ衆院に議席を持たぬ小政党の立場で、当時日本最大級の日大講堂を会場としたことに対する党創立者である池田会長の戒めの言葉を紹介し、「その際の池田会長の直言は党にとって後々の教訓とされた」と記している。

ごく当たり前のその記述に対し、「前衛」記事では、「公明党を創価学会から〝分離独立させる〟と宣言してから四〇年以上が経過した二〇一二年一二月号の『公明』誌上で」とし、「つまり、池田氏の結党当時の指示は、『過去のエピソード』などではなく、現在進行形で生きているということである。わざわざ『後々の教訓とされた』としているのも、現在の公明党が依然として池田氏の強い影響下にあることを内外に示したものであろう」「池田会長の主張が公明党結党時の綱領に刻まれているだけでなく、五〇年後の今日の指針にもなっている」といわくあり気に論じている。つまり「現在進行形で生きている」ことが問題なのだと言いたげである。

政党に限らず、一般にどんな組織や団体、企業や学校などでも、所属の構成員に対し、創立者の指針や思い、志などを尊重し、重要視し、心に銘記することを呼び掛けるのはごく普通のことだ。世間一般の道理でもあろう。公明党の立党精神「大衆とともに」の指針は、50年経とうが60年経とうが堅持されて当然であり、それをもって「支配―従属関係」とか、「創価学会のための党」の証拠のように捉《とら》えるのは、見当違いも甚だしい。創立者の指針を守るのがいけないなどというのは、日本共産党ぐらいだろう。「前衛」記事執筆者はそんな当たり前の社会常識すらわきまえていないのだろうか。

当該「前衛」記事で「公明党を創価学会から〝分離独立させる〟と宣言してから四〇年以上」とあるのは、いわゆる言論問題の際、池田会長が講演で、創価学会と公明党との関係について、「あくまでも制度の上で明確に分離していくとの原則を更に貫く」と述べたことを指すようだ。創価学会と公明党の〝分離・独立〟は政治団体としての公明政治連盟の結成（1961年11月）、そして64年11月の公明党結成でなされている。池田会長発言は、その上で、党と学会の「制度的分離の徹底」という趣旨である。党と学会の〝分離・独立〟は宗教団体としての自主的な〝けじめ〟であり、別に憲法上の要請によるものではない。

ところが、日本共産党、「前衛」記事は、池田会長発言を憲法上の要請に基づくものであるかのように描き、しかも、「制度上の分離の徹底」という「制度」面と、党創立者の示した指針の尊重という「信条」面とは別次元の話であるのに、それを故意に混同させ、異なる二つを同一次元に置き、「指針」をずっと尊重しているのは矛盾・違背であると言いたいようである。あまりに粗雑で短絡的に過ぎる言い分だ。日本共産党流の牽強付会《けんきょうふかい》の論法である。もちろん憲法上の政教分離原則とは何の関係もない話である。

●宗教蔑視・敵視の日本共産党

ところで、日本共産党が、「前衛」記事が、ことさらに「創価学会の〜」とあげつらうのには、むろん理由がある。同党は基本的に宗教蔑視、宗教敵視の立場に立っているからである。同党が奉ずる科学的社会主義＝マルクス・レーニン主義は徹底した宗教蔑視・敵視の立場に立っていることはよく知られている。例えば、マルクスは、「ヘーゲル法哲学批判序説」の中で、宗教は悩めるもののため息であり、民衆の阿片であるとし、「宗教を廃棄することは、民衆の現実的幸福を要求することである」と断言している。またレーニンは、「宗教に対する労働者党の態度について」と題する論文の中で、「宗教は民衆の阿片である。――このマルクスの格言は、宗教の問題におけるマルクス主義の世界観全体のかなめ石である」とし、「マルクス主義は唯物論である。唯物論としてそれは、宗教に対して容赦なく敵対する。このことは疑う余地のないことである」と述べている。

日本共産党自身も、「宗教はまちがっており……」（「月刊学習」63年2月号）とし、「唯物論哲学は、宗教に敵対し……」（「共産主義読本」）と規定し、さらに、「マルクス主義は唯物論であり、宗教と敵対するイデオロギーです。……宗教とたたかうことは、およそ唯物論者であるならば、当然のことであり、マルクス主義のイロハです」（「月刊学習」73年7月号）と強調し、「弁証法的唯物論は、いっさいの『高められた宗教』『真の宗教』などを認めていません」（同）と明言している。

●宗教は「天上」、政治は「地上」と差別

そんな宗教否定・宗教敵対を反映してか、同党は、政治と宗教の社会的役割を指して、政治は「地上の問題」、宗教は「天上の問題」として、両者を「天上」と「地上」にきわめて安直に分け隔てている。そこには宗教者は暗に「天上の問題」だけ、つまり精神世界にだけ関わっていればよい、「地上の問題」、つまり政治的、社会的問題には口出しするな、といわんばかり

の、あからさまな宗教蔑視の態度が見てとれるのである。

もちろんそれは、現憲法の精神に反するものだ。前出の江橋崇教授は、「(憲法は宗教団体の政治活動について)十二分に保障している、私はそう理解しています。というより、宗教団体の政治活動、社会活動、……現憲法には全部ありです。オーケーです。認めています。これは欧米でも常識で、当たり前です。人間の苦悩を救済しようとまじめに考えている宗教団体が、政治的には黙っていなくてはいけないなどという理由が民主国家で成り立つはずがない。宗教者が政治にモノ申すことは、むしろ使命とすべきであると思います」(「公明新聞」99年9月25日付)と述べているが、日本共産党の立場は、これと正反対的である。

だから、例えば、同党の宗教見解・政策をまとめた「宗教についての日本共産党の見解と態度」(75年12月23日)では、宗教者の社会的、支持的活動には、「反動的」方向と「民主的」方向の二つがあるとし、その「民主的」方向とは、例えば同見解で、「『地上の問題』では良心的な宗教者とも協力する」「良識ある宗教者との相互協調、協力をめざす」「善意の宗教者との相互理解、協調を求める」(傍点引用者)としているように、要するに「地上の問題」で日本共産党と協力、協調できる宗教者、宗教団体であるとの趣旨である。同党がやたらと使う「民主的」なる言葉は通常一般にいう意味内容とは違うのだ。党利党略的・戦略的なものなのである。

●宗教団体の政治的活動に否定的

一方の「反動的」方向とは、自民党支持の宗教団体と、「公明党の創価学会」を名指しで挙げており、「政治的、社会的に危険な反民主主義的現象である」と真っ向から批判している。そして、憲法で認められている宗教団体の選挙支援を含む政治活動に対しても、「宗教団体の特定政党支持」「特定政党とその議員候補の支持の機関決定」は、「信者の政治活動と政党支持の自由を奪う」との理由を挙げて、「正しくない」と否定視し、「有害な結果をもたらす」と非難している。

宗教団体の信者一人ひとりの「政党支持の自由」は当然であるが、それを前提とした上で、特定政党を支持したところで、それは通常、労働団体や経済団体、業界団体、医師会などの諸団体においてもごく当たり前のこととして行われており、選挙の際の支持・支援の「機関決定」もこれまた同様である。

日本共産党においても、同党系の諸団体、例えば全国労働組合総連合（全労連）、全国商工団体連合会（民商・全商連）、全日本民主医療機関連合会（民医連）等々において日本共産党という「特定政党支持」を行っているが、それを宗教団体だけを名指しして「正しくない」「有害」「反民主主義的」と非難・否定視し、政治活動の自由を制限しようとするのは、明らかに「信教の自由」に制約を加えようとする差別的態度である。憲法の政教分離原則に抵触するものであり、憲法の大原則である「法の下の平等」原則にも反する、それこそ反民主主義的・反憲法の態度であると言わなければならない。

こうした同党の宗教蔑視観や宗教否定・敵対方針が、現憲法で認められている宗教団体の政治的活動について、これを否定視する態度となって現われており、とりわけ公明党と創価学会に対し、「主敵」視するような、陰湿で、悪意に満つ、誹謗中傷・批判攻撃を常習的に仕掛ける、札付きの存在となっているのだろう。

Ⅷ・公・共「憲法論争」で全面勝利

〈『公明党50年の歩み』増訂版（2019年11月発行）から転載〉

野党間の連合構想と公・共「憲法論争」

――共産党流の自由と民主主義の欺瞞《ぎまん》性を糺《ただ》す

戦後日本の政治は「55年体制」と呼ばれる自民党の単独支配が長期間続いた。1955（昭和30）年10月に左右に分裂していた日本社会党が4年ぶりに統一を果たし、その1カ月後に日本民主党と自由党が保守合同をとげて自由民主党を結成。その自社二大政党政治の体制を「55年体制」と呼んだ。しかし実態は、与野党間の政権交代なき万年与党対万年野党の構図であった。

●公明、「政権構想での大枠の一致」主張

自民党による長期にわたる政権独占は、政官業の癒着《ゆちゃく》など政治の腐敗、堕落、停滞、政策的硬直化をもたらし、ロッキード事件など大型の疑獄事件も頻発《ひんぱつ》させた。このため政治の浄化・刷新、民主政治の機能回復をめざし、与野党政権交代を求める動きが70年代を迎えて本格化した。与野党の議席差接近という情勢変化を背景に、野党各党は相次いでポスト自民の政権構想を発表した。

すなわち、公明党が73年9月の第11回党大会で「中道革新連合政権構想の提言」を打ち出したのに続き、日本共産党が10月に「民主連合政府綱領」、民社党は12月に「革新連合国民政権の提案」、社会党は翌74年1月に「国民連合政府綱領案」構想を相次いで発表した。

そこで問われたのは、各野党の政権構想をどう統合し、共闘態勢を作るかであった。綱領や将来の展望、立党精神を異にする各野党が連合して政権を構成する以上、単なる「政策の一致」だけではなく、「政権構想での大枠の一致」、つまり相協調し合う最大公約数的な〝共通の土俵〟〝共通のルール〟が必要、と公明党は主張した。

その共通の土俵、共通のルールとしての要素が集約されているのが憲法であり、公明党は考え方の異なる政党間の最大公約数的な共通の土俵として、憲法改正を必要とするに足る時代や社会、国民総意の変化がない限り、現行憲法を将来ともに擁護することを主張した。

●公明党の憲法観「平和・人権・民主を擁護」

とりわけ現憲法の骨格をなす「憲法三原理」(恒久平和主義、基本的人権の尊重、主権在民)は人類の長い歴史の試練を受け、試《ため》され、確認され、戦後の日本国憲法に受け継がれた人類普遍の原理であり、日本が平和国家、民主国家として生き続けるために将来にわたって擁護すべきである、と訴えた。ただし、「将来ともに擁護する」といっても、公明党の立場は「憲法万古不易論」「頑《かたく》なな護憲主義」ではない。公明党は憲法に対する考え方として、日本共産党との憲法論争に際し、次のように表明した。

一、一般に、憲法は時代や社会の変化、進展に応じて変化するものであるし、国民は、その時代や社会の変化に応じて、国民総意の結集のもとに、憲法を改正する権利を有している。

二、現憲法の核心をなす①主権在民②基本的人権の尊重③恒久平和主義の規定は、人類が長い歴史の教訓から生み出した英知であり、不変の原理ともいうべきもので、簡単に変えていいものではない。この三原理は、将来にわたって擁護し、発展せしめていくべきものであると考えている。

三、公明党は、この（二）の考え方を一般的、普遍的な立場で認識しており、その前提のもとに、現憲法を将来にわたって擁護すべきであると主張している。

ここに示された憲法観は、護憲の雰囲気の強い当時において表明されたものであるが、その情勢下であえて、一般的、普遍的な立場として、憲法改正を必要とする時代や社会の進展と国民総意の変化があれば、憲法を改正するのは当然、とした。公明党は憲法改正行為を認めている。そもそも現憲法には憲法改正手続き条項（第96条）が含まれていることは周知の通りである。

いうまでもなく憲法は国民の地位や権利、義務を定めているほか、政治、経済、外交、安全保障という国政の在り方の根幹を定めている。特に平和・人権・民主の憲法三原理は、現憲法の基柱をなすもので、憲法学者の多くは、「憲法の憲法」とさえ見なしている。この三原理の改変は単なる憲法改正ではなく、現憲法の破壊であり、別の原理による憲法の作り変えだともいわれている。

●連合政権へ「憲法三原理擁護」が前提と

実際問題、野党共闘によってつくり上げるポスト自民の政権が、国家像や国政の在り方の根幹を定める現行憲法、なかんずくその三原理について、将来にわたって擁護するかどうかの合意がない〝同床異夢〟状態なら、政権基盤は甚《はなは》だ不安定なものとなろう。国民からは「野合」批判を浴び、また何かにつけ内部抗争・分裂の芽をはらみ、それこそ政権混迷・挫折の危険性を内包するだろう。それでは国民に対し、また国の将来に対して、無責任なことになってしまう。ポスト自民の連合政権が樹立されれば、それを持続させる国民的義務を負うことは当然である。持続させるためにも、政権基盤をしっかりしたものにすることが必要だ。その意味でも、公明党は、現憲法とりわけその三原理の将来にわたる擁護を連合政権樹立の大前提に据えるべきだと主張した。

これに対し、日本共産党は「革新三目標」なる政策一致だけを政権共闘の条件とし、公明党が現憲法の将来ともの擁護を主張していることを強く批判・中傷した。

●共産党の党略的な「憲法利用」戦術

その共産党の憲法に対する態度は、資本主義型か社会主義型かとのイデオロギー的尺度で判断し、現憲法に対しては〝資本主義型の憲法〟だとして「ブルジョワ憲法」とのレッテルを貼り付け、軽蔑《けいべつ》している。そして先行きに現憲法を廃棄し、現憲法の骨格である三原理とは原理を異にする別個の憲法により、わが国の国家機構や制度を根本的に改造して「日本人民共和国」を樹立するとの方針を決定していた。

同党は、ポスト自民の革新連合政権として「民主連合政府」構想を提唱しており、同政府では一応〝護憲〟を表看板にしている。しかし共産党綱領（61年綱領）によれば、民主連合政府は「民族民主統一戦線政府」の成立を「促進するため」と位置づけられている過渡的なワンステップの政府にすぎない。共産党主導の民族民主統一戦線政府が権力を握った時点で現憲法を廃止し、別個の憲法の下で、日本を「人民共和国」に一変させる、というのが共産党の掲げる革命の基本計画である。そのためにポスト自民の革新連合政権（民主連合政府）を共産党の革命スケジュール促進のために「利用」（日本共産党中央委員会発行「月刊学習」66年11月号）するとしている。

すなわち、民主連合政府段階では現憲法擁護を掲げているが、しかしそれは〝護憲を看板とした民主連合政府〟が〝改憲の民族民主統一戦線政府〟を生み出すというのが党綱領上の展望である。従って、〝改憲〟を早めるために〝護憲〟の連合政権を樹立しようという民主連合政府提案は、憲法を党利党略の手段に使う「憲法利用」戦術であり、それは憲法蔑視《べっし》思想の現れである。そのような改憲を内包した〝護憲〟は文字通りの憲法擁護とは言い難い。共産党は自らが抱くそのような憲法改変の方向性について、他党から一切手を縛られたくないとする思惑から、現憲法擁護を前提とする公明党の連合政権構想を強く批判したのであろう。

●共産党が突如、一方的に論争仕掛ける

公明党と共産党との間の論争は、連合政権の共通の前提として現行憲法、なかんずくその三原理の「将来にわたる擁護」を認めるかどうか、について対立し、公開論争に発展した。論争は、73（昭和48）年12月17日、突如一方的に日本共産党中央委員会が公明党中央執行委員会に宛てて25の質問を含む公開質問状を発したことによって始まった。当時、共産党は69年12月の衆院総選挙で5議席から14議席へと躍進。さらに72年12月の総選挙では同党史上最多の38議席を獲得。得票数も前回の320万票に230万票上積みして550万票を獲得。衆院で野党第2党に進出していた。

また社共両党を主軸とする革新自治体も多く誕生。共産党が牛耳っていた蜷川京都府政（50年から78年までの7期）に続き、美濃部都政（67年から79年までの3期）、黒田大阪府政（71年から79年までの2期）、さらに名古屋市、沖縄県、横浜市などでも社共両党が推す革新統一候補を首長とする革新自治体が相次ぎ誕生した。

世の中的にも〝左翼の花盛り〟の時代だった。例えば京大名誉教授の竹内洋はその著「革新幻想の戦後史」(中央公論新社刊　2011年10月発行)の中で、こう書いている。「わたしたちの世代、たぶん一九七〇年あたりまでに大学に入学した世代にとって、革新幻想はキャンパスの空気(世論)そのものだった……当時の大学キャンパスでは、マルクスやレーニンを知らないのは言語道断。いくらかでも異論を唱えればバカ者扱いされた。保守的教授は、学識のいかんを問わず、無能で陋劣《ろうれつ》な教授に見られがちだったし、左派に同情的な教授はそれだけで話のわかる良心的教授だった。左翼に媚びていると思われる教授も少なくなかった。……革命と改革を叫ぶ左翼思想は知的でヒューマニスティックだというのである」と。

さらに国際的にもマルクス・レーニン主義に基づく社会主義国家はソ連・東欧など世界14カ国が存立。かつイタリア、スペイン、フランスなど西欧各国の共産党も政権をうかがう立場にあるなど意気軒昂《けんこう》であった。

そうした情勢と時代背景を受けて、共産党は「1970年代の遅くない時期に民主連合政府をつくる」と喧伝するなど、同党の絶頂期だった。

●公明からの公開質問状に答えず、共産は論争から逃走

公・共「憲法論争」の経過は、共産党が提起した質問状に対し、公明党は74年2月8日、25問の全質問に完全に25「答」した回答状を共産党に手渡した。

次に、今度は公明党中央執行委員会から日本共産党中央委員会に宛てて70項目200余問の質問を含む、「憲法三原理をめぐる日本共産党への公開質問状」を発した(74年6月18日に「その一」、7月4日に「その二」を提起。全文約

22万字。同公開質問状は公明党機関紙局発行の「憲法三原理をめぐる日本共産党批判」に所収）。

同質問状は、「質問内容は非常に豊富だし、いずれも国民が共産党に質問したいことばかりである」（高橋正雄・九州大名誉教授「公明」74年9月号）と評された。しかし共産党はその後何年経っても、70項目200余「答」の回答を示さず、論争から逃走、論争に事実上敗北――という経過をたどった。

●公明の質問状、客観的・系統的・理路整然

公明党の公開質問状作成の指揮を執ったのは機関紙局長の市川雄一（非議員・中央執行委員）で、論争の核心的部分も自ら執筆した。

公明党の公開質問状は、共産党綱領や規約、綱領的論文、宮本顕治議長ら党幹部発言などを根拠として明示した上で、共産党のめざす社会主義は、わが国今日の自由と民主主義の国家・社会体制の基柱・骨格である現憲法の三原理とは完全に相矛盾し全く異質であること、また同党内のコンセンサスとなっている基本原則と党外国民・選挙民向け宣伝（いわゆる柔軟微笑路線）との間の乖離《かいり》・矛盾・理論的不整合、さらに同党の革命戦略・戦術やその立脚基盤であるマルクス・レーニン主義（＝科学的社会主義）が孕《はら》む欠陥、問題点をあらゆる面から徹底分析した。すなわち、①共産党は平和・人権・民主を柱とする現行憲法を破棄する方針を堅持していること②複数政党制や三権分立など現行政治制度の全面的改廃を狙っていること③共産党の路線、マルクス・レーニン主義（科学的社会主義）には、自由・民主主義などの市民的社会の諸価値と対立する重大な要素が含まれていること④共産党の統一戦線論は政権交代なき共産党一党独裁政権をめざす革命（武力革命を含む）路線であること――などを明らかにしたもので

ある。

その質問態度は、事実の根拠に基づく客観的で理路整然、しかも系統的・体系だっているため、識者からも高く評価された。例えば、志水速雄・東京外語大助教授（ロシア政治論）は「従来日本の政党でこれほど詳細かつ論理的に日本共産党を批判した党があるだろうか……感情的な反共主義に走らず、相手の資料を豊富に用いて相手の論理的矛盾を鋭く追及するというのが論争の正道であるが、この質問状はまさしくこの論争ルールに忠実に従っている。……そしてこの質問状で提出されている多くの疑問点は、実は共産党について国民がもっとも知りたいと思うところばかりであり、したがって共産党はこれらの疑問を回避したり、問題をそらしたりすることなく、正々堂々と自分の見解を明らかにする公党としての責任をもっている」（「公明新聞」74年7月1日付）と。

●「論争の勝敗、〝最初からわかっていた〟」との評。公明党の全面勝利に

しかし、遺憾ながら、共産党からの回答はなく、論争から逃走し、「正々堂々と自分の見解を明らかにする公党としての責任」を放棄した。後日に志水助教授は「この論争において、どちらが敗北の運命にあったかは、ある意味では最初からわかっていたことである」（「公明新聞」77年6月4日付）とし共産党の敗北との断を下している。

また社会主義論の論客として知られる佐藤昇・岐阜経済大教授は、こう断じている。「この憲法三原理をめぐる公明、共産両党の論争は、実は論争としての実質を欠いており、正確には論争とは呼び難いような性格のものである。なぜなら、日共はこの公開質問状にまともに答えようとはついに一度もしなかったからである。そ

のため、この論争は論争らしい論争には発展せず、公明党の質問とそれに対する共産党の反共呼ばわり的応酬とのすれ違いに終わってしまっている。では何故日共はこの公開質問状に正面から答えようとしなかったのであろうか。その理由は簡単であって、回答しようにもできなかったからにすぎない」(「公明新聞」76年9月22日付)と。

さらに、社会主義に関する諸問題を主に扱う専門誌「現代の理論」編集長の安東仁兵衛は「本書(「憲法三原理をめぐる日本共産党批判」)は日共的自由と民主主義の欺瞞性を批判する点において出色の成果を示している。ここで展開されている批判はきわめて包括的であり、その論旨は明快かつ周到である。……この批判をその後の日共指導部の言動と照らし合わせてみれば、彼らが新語法的手法だけでは抗し得なくなり、居丈高な『反共』呼ばわりを続ける一方で、実は、ひそかにそしてなしくずしに言辞と論理の修正をほどこさざるを得なくなっていることが明らかになる」(同)と論評。

これら第三者からの評価「日共はこの公開質問状にまともに答えようとはついに一度もしなかった」(佐藤昇)、「日共指導部が……ひそかになしくずしに言辞と論理の修正をほどこさざるを得なくなっている」(安東仁兵衛)、「どちらが敗北の運命にあったかは、最初からわかっていた」(志水速雄)などにも明らかなように、論争の勝敗は、公明党の全面勝利と、共産党の敗北は歴然としていた。公明党のその勝利は戦後日本の政党間論争史上に輝く金字塔である。

●「反対党」許さず、「複数政党制」はお飾り

公・共「憲法論争」で、日本共産党側が回答不能に陥った、公明党の公開質問状では、例えば「複数政党制」とか「自由」の問題などにつ

いて、次のように指摘した。

複数政党制は、主権在民の原則による議会制民主主義にとって不可欠の制度である。では共産党政権下で、共産党に反対する政党、またマルクス・レーニン主義を批判する政党の存在は認められるのか。

これに対し、日本共産党は将来について、こう言明している。

「社会主義社会には、いわゆる反対党なるものは存在する経済的土台がありません」「社会主義の段階では……いくつかの政党や党派、団体が存在しても、社会主義を建設してゆくために、共産党の指導のもとに……存在することになります」(日本共産党中央委員会発行「月刊学習」68年9月号)と。つまり、「反対する政党」はそもそも想定されていないし、存在するとしても「共産党の指導」に服従することを存在の条件としている。

あるいは、こう規定している。

「その党が反革命の不法手段にうったえず、社会主義日本の憲法と法律にしたがう限り、一般的には禁止されない」(不破哲三著「日本革命の展望と複数政党の問題」)と。同見解でいう「反革命」とか「不法」か否かの判定は事実上、政権政党である共産党が判断するのは当然だろう。

さらに、その内容が定かでない、未知なる社会主義日本の憲法と法律に「したがう限り」との留保条件も付いている。加えて「一般的には禁止されない」という包括的条件もある。むろんそれは〝例外がある〟ことを意味し、そこに政権政党、つまり共産党の恣意的判断が入り込む余地を残している。

そのように何重もの制約条件を課している。現行憲法で何の留保も付けず、結社の自由や表現の自由を認め、複数政党制を保障しているのと、本質が大違いである。

●事実上の共産党独裁めざす革命方針

それに、日本共産党は、自らが奉ずるマルクス・レーニン主義（科学的社会主義）を「全能で……完全」「全一的な世界観」「人類の歴史がつみあげてきた科学の成果の最高の結晶」（日本共産党中央委員会出版局発行「共産主義読本」）、「実践の試練にたえぬいた客観的真理」「絶対的に正しく動かしえない内容をもつ絶対的真理」（「月刊学習」67年9月号）と断じている。

しかも、その「全能」「完全」「全一的世界観」「絶対的真理」なるマルクス・レーニン主義の日本における唯一の「体現者」が日本共産党であると任じている。さらに同党は「反共主義は共産党の敵であるだけではなく、人民の敵」（「共産主義読本」）と決めつけている。

従って、共産党の理論やその革命方針、また同党自身に他から批判を加えようものなら、それこそ「反共主義＝共産党の敵＝人民の敵」という専断的図式の下、徹底攻撃され、排除・粛清の対象視されることは必定だろう。

そのような情勢下では、共産党に賛成する政党、同党の「指導」にぬかずく政党、マルクス・レーニン主義を批判しない政党しか存在が許されないという、事実上の一党独裁体制がつくられる危険が大である。

●「全人民を共産主義的人間に改造」方針も

そもそも日本共産党はマルクス・レーニン主義に基づく社会主義革命をめざす党である。そのめざす革命とは、同党の説明によれば、「経済的土台から上部構造まで」の一切、すなわち、これまでの国家社会の一切全部――政治、経済の機構、制度のみならず、「精神生活も、そのありかたが根こそぎに変革される」という「社会の根本的変革」（「月刊学習」68年3月号）をめざす、とされる。

そのためには当然、強大な権力が必要となる。同党の説明によれば、「社会主義の国家権力は……プロレタリアートの独裁であって、この権力は反革命勢力を抑圧しながら……社会の規律を維持し、社会の成員を一層たかい共産主義的人間に改造してゆく使命をおびる」（日本共産党中央委員会出版部発行「日本共産党100問100答」）とされる。

同党はまた「……この独裁権力をテコにして社会主義建設をすすめる」（「共産主義読本」）としている。このプロレタリアート独裁（＝プロ独裁）の権力について、レーニンは「直接に暴力（軍事力、警察力＝引用者注）に立脚した権力」「いかなる法律にも法規にも束縛されない無制限な権力」「他の何人とも分有を許さない権力」と説明している。

●超絶対権力テコに日本を「人民共和国」に

その説明の如く、共産党のめざす革命とは、単なる政権獲得ではなく、全国家権力の掌握——つまり、政府、裁判所、軍隊、検察、警察、監獄、国税庁、税務署、マスコミなどのすべてを握り、その権力をテコに現行憲法を改変して、国家機構や国会制度、裁判制度などを根本的に変えてしまい、わが国を「日本人民共和国」にするというものである。その有り様は既存の社会主義諸国が例外なく示している通りである。つまり、事実上共産党が体現する「プロ独裁」権力により、国家機構・制度の変革のみならず、国民の思想面においても、「全人民を社会主義的に改造」（「共産主義読本」）して「全人民を組織」（同）し「社会の成員を一層たかい共産主義的人間に改造してゆく」（「日本共産党100問100答」）とし、あるいは、「すべての人びとが共産主義の道徳を身につけ」(「共産主義読本」)ることを目標としている。

そのような超絶対的な「プロ独裁」権力下で、かつ「全人民を社会主義的に改造」「共産主義的人間に改造」するとされる社会で、基本的人権の中核である「思想・良心・信条・信教・言論・出版・集会・結社の自由」が一体どこまで認められるのか。「異論」や「反対党」の存在がどこまで許されるか。甚だ疑問である。ひとたび「反革命勢力」と判定されれば、たちまち「抑圧」の対象とされかねない。「複数政党制」など全くのお飾りでしかあるまい。

例えば、同党いうところの「人間改造」方針についてだが、ごく普通の一個人の場合、現憲法下では職業選択の自由、就職・転職の自由は当然の基本的人権として認められているが、しかし日本共産党ではこう言っているのだ。「社会主義社会では……いやになったからといってやたらに職場を変わることはできませんが、これは当然です。……職場を変わりたがるような人は、社会主義の見地からするとおくれた人ですが、社会はこのような人をほったらかしにせず……社会主義的に目ざめた勤労者に改造します」「勤労人民を社会主義的勤労人民となるように組織し、指導し、改造してゆく」(「共産主義読本」)と。これは人間改造のほんの一例であろう。

●チェコの自由化を攻撃。制限付きの〝エセ自由〟しか認めず

日本共産党のいう自由保障とはいかなるものか。それを端的に示した具体例が68年の「プラハの春」と呼ばれたチェコスロバキア共産党の自由化・民主化運動に対し、日本共産党の取った態度であろう。チェコの試みはソ連・東欧5カ国の軍事介入によって押しつぶされたことは周知の通りだ。このチェコの自由化・民主化運

動に対し、日本共産党は激しく批判攻撃したのである。

　チェコ共産党が打ち出した自由化・民主化措置とは、日本や欧米諸国ではごくごく当たり前のものであり、ただソ連・東欧諸国などの社会主義国では画期的な措置であったため、国際的に大きな関心と注目を浴びたのである。その内容は、決して無制限のものではなく、共産党の指導性の優位、マルクス・レーニン主義の原則の堅持、社会主義の理想の推進など一定のワクをはめた下で、一定程度の言論の自由、検閲の禁止、集会結社の自由、移転の自由、国外旅行および滞在の自由、秘密警察など保安機関の任務制限などを唱えるものであった。西側諸国から見れば、「おずおずとした『自由化』の断片的実験」（藤村信「プラハの春モスクワの冬」）でしかない、極めて制限的な、切り縮められたものだった。

　しかし日本共産党は、このチェコの措置に対し、「社会主義的民主主義の名で事実上ブルジョア民主主義を導入する『純粋民主主義』であり、反社会主義勢力に活動の自由を与える重大な右翼的誤りである」と党の公式見解（党内的に極めて高い権威を持つとされる「赤旗・無署名論文」68年10月1日付）を発表して手厳しく弾劾した。同党の最高幹部である不破哲三も月刊誌（「世界」69年1月号）に書いた論文で「反社会主義勢力に活動の自由を与えるなど……反社会主義勢力との闘争を事実上放棄する立場に到達した」「社会主義建設を挫折に導く危険さえある根本的な誤り」と徹底的批判を加えた。同じく最高幹部の上田耕一郎も、チェコの自由化運動が極めてささやかな、まだまだ限定付き、カッコ付きの自由を求めただけなのに、それすらも許されないとし、「もう非常にあけっぴろげな民主主義」「非常にゆきすぎた無制限の自由」「すべての人々に民主主義という発想」（「月刊学習」68年11月号）などと否定的に見なし、「これは非常に危険なこと」と警鐘を鳴らしている。

つまり、同党が取った態度は、資本主義から共産主義社会へ移行するまでの全期間、すなわちプロ独裁が存続される期間は、反社会主義勢力に活動の自由を与えてはならないというものである。そして反社会主義勢力に活動の自由を与えてはならないという名目のもとに、全人民に無制限の自由を与えてはならない、とした。つまり、プロ独裁下にあっては制限付き、条件付きの「偽りの自由」「ニセの自由」しか与えないということである。

この原則はチェコの特殊ケースにだけ適用されるというものではなく、日本共産党自身も日本の社会主義革命と社会主義建設に当たって「当然の前提」として踏まえる「マルクス・レーニン主義の共通の原則」（前記「世界」の不破論文）だと訴えた。

しかし、同党の党外国民・選挙民向け宣伝では、「社会主義日本」でも全人民に無制限の自由を保障するかのように主張している。それ故、これは、チェコの自由化・民主化措置に対して同党が取った従来からの原則的態度と原理的に真っ向から対立、衝突するのではないか。二律背反の、相矛盾する二重人格同居の態度だ、と公明党の質問状で糺したのである。

●党外向け〝柔軟微笑〟路線と党内方針との大矛盾

上記は、公明党の公開質問状で取り上げたうちの、ほんの一例だ。質問状の骨子は、共産党の当時の根本指針である「61年綱領」をはじめ同党自身の重要論文や最高幹部自身の重要発言等によって、既に同党内の自明のコンセンサスとして確立されてきた従来からの一貫した基本的見解と、近年の党外国民・選挙民向けの〝柔軟微笑〟路線との多くの点での矛盾、断層を指摘し、その矛盾、断層の理論的・原理的解明を要求したものである。

すなわち、①従来の基本的見解も正しく、かつそれとは正反対の近年の〝柔軟微笑〟宣伝もともに正しいとするなら、その重大な自己矛盾の理論的・原理的解明を行うこと②この解明ができず、〝柔軟微笑〟路線を正しいとするなら、過去の言説、見解を自己批判して、その誤りを明らかにし、清算すること——を要求したものである。

これに対し、共産党は公明党に対し罵詈雑言《ばりぞうごん》的な「反共」呼ばわりをするだけで、質問状への回答不能を続け、自ら設定した公開論争の場から逃走する一方で、極めて欺瞞的な態度を次々と押し出してきた。それは一口で言うなら、自己矛盾に対する原理的解明や自己批判による誤った過去との清算も放棄した上で、もっぱら憲法論争における公明党の主張を、表面的、皮相的ではあるが、そっくり取り入れて〝自説〟として押し出すという姑息《こそく》な手法である。

例えば、「マルクス・レーニン主義を『官許哲学』『国定イデオロギー』として国民に押しつけない」「信教の自由を、いかなる体制のもとでも、無条件に擁護する」といった〝新見解〟がそれである。さらに76年7月の第13回共産党臨時党大会における一連の措置、すなわち①「プロレタリアート執権」から「労働者階級の権力」への用語（訳語）言い換え②「マルクス・レーニン主義」という呼称の「科学的社会主義」への言い換え③「自由と民主主義の宣言」の採択——などがそうである。同党は73年11月の第12回党大会で、プロ独裁の「独裁」という言葉が〝物騒〟な印象を与えるとして、〝執権〟という鎌倉時代を思わせる古色蒼然《こしょくそうぜん》とした言葉に変えたが、それでも強権的、独裁的色彩が強いと懸念してか、その実質は温存しつつも、更なる言葉の〝修正〟に乗り出し、「労働者階級の権力」と呼び換えたのである。

これら一連の措置に対し、例えば佐藤昇・岐阜経済大教授は「日共が現時点で今更らしくこのような宣言（自由と民主主義の宣言）をしなければならなくなったこと自体、公明党の日共批判がまさしく的を射ていたことを証明しており、その意味ではこれは公共論争における日共の事実上の敗北宣言にほかならない」（「公明」76年11月号）と指摘している。

●自由と民主主義の保障に重大な疑念。共産党は「連立」「連合」の対象外

つまり、憲法論争における公明党の主張が基本的に正しく正当性のあるものであることを共産党としても認めざるを得ず、かつ論争における同党の敗北を事実上肯定したものである。同時にもう一面では、「自由、民主主義宣言が一片の空辞でないことを裏付ける客観的な証明材料がどこにも見あたらない」「理論的総括と自己批判抜きの宣言」（佐藤昇・同）と見なされるように、重大な自己矛盾の原理的解明も、自己批判による過去の清算も回避したことによって、「自由と民主主義の宣言」などそれら一連の措置が死語・空文化したばかりか、さらに自己矛盾と自己欺瞞を拡大再生産したのである。

特に後段で指摘した側面は重要であり、共産党の革命理論、革命戦略の上に原理的矛盾が一段と拡大したため、それを共産党に糺すために、公明党は憲法論争の延長として、準公開質問状と銘打った論文「日本共産党の『プロ独裁』問題と『自由宣言』の欺瞞性を衝く」（「公明新聞」76年9月28、29日付）を発表した（全文は公明党機関紙局発行「続・日本共産党批判」に所収）。

同論文で、公明党は共産党に対し新たに提起した全主要論点についての責任ある解明と回答を要求したが、結局これにも同党は回答不能を続けるだけだった。

この公・共「憲法論争」の結果として、共産党については自由と民主主義の保障などで重大な疑念がある。また「連立」「連合」とは根本的に相容れない「プロレタリア独裁」主義に立脚している。さらに政策面でも同党との間に大きな相違があり過ぎることなどから、政権を一緒にやっていくことはできないと判断。公明党として、野党間の連合政権構想について、社会党が主張しているような「全野党共闘」は選択できない、として路線問題に理論的決着をつけたのである。

●社会主義破綻を必然視した公明の質問状

この公・共「憲法論争」は、そもそもは野党間の政権共闘をめぐっての路線問題が契機であった。ただし、公明党が発した公開質問状と、それに続く追加的な準公開質問状は、志水速雄・東京外語大助教授が「展開されている議論の水準は国際的レベルでも通用しうるほどのものである」（「公明新聞」77年6月24日付）と評しているように、単に日本共産党の革命戦略や政策・主張への批判にとどまらず、同党の立脚基盤であるマルクス・レーニン主義そのものが孕む本質的欠陥・矛盾を鋭くえぐり出したものである。

その公明党の公開質問状発表から15年後の89年、俗に「1989年革命」とも呼ばれるが、ソ連・東欧型の社会主義は音を立てて崩壊・破綻。ソ連共産党自体も91年12月に解体した。時系列的に見れば、公明党の質問状は社会主義の崩壊・破綻を一昔前に必然視し、論理的にその弔鐘《ちょうしょう》を告げるものであった。

公明ブックレット㉝

日本共産党の矛盾と欺瞞【改訂版】

発行　公明党機関紙委員会

東京都新宿区南元町18番地
2020年11月17日発行
定価400円（税別）